隐去庐山自从容

庐隐传

魏雨童 著

民主与建设出版社

图书在版编目（CIP）数据

隐去庐山自从容：庐隐传 / 魏雨童著 . -- 北京 ：民主与建设出版社，2014.7

ISBN 978-7-5139-0459-9

Ⅰ . ①隐… Ⅱ . ①魏… Ⅲ . ①庐隐（1898～1934）一传记 Ⅳ . ① K825.6

中国版本图书馆 CIP 数据核字（2014）第 204243 号

出 版 人 ：许久文
责任编辑 ：李保华
整体设计 ：汪要军
出版发行 ：民主与建设出版社有限责任公司
电　　话 ：(010) 59419778　　59417745
社　　址 ：北京市朝阳区曙光西里甲六号院时间国际 8 号楼北楼 306 室
邮　　编 ：100028
印　　刷 ：北京兴星伟业印刷有限公司
版　　次 ：2014 年 11 月第一版
开　　本 ：880*1230　1/32
印　　张 ：6.25
书　　号 ：978-7-5139-0459-9
定　　价 ：25.00 元
注 ：如有印、装质量问题，请与出版社联系。

目 录

第一章 旧梦里命途多舛

第一节 不受宠爱 /003

第二节 家中变故 /007

第三节 混世少女 /012

第四节 二次驱逐 /020

第五节 慕贞学院 /027

第六节 终觅出路 /032

第二章 青春不识愁滋味

第一节 严肃的沉闷学校 /039

第二节 年少轻狂六君子 /043

第三节 人情冷暖不自知 /047

第四节 红袖添香好读书 /051

第五节 作为教员的第一次 /056

第三章 从此过往皆成空

第四章 隐去庐山的绚烂文学梦

第一节　悲哀之花正盛开 /071

第二节　海滨故人何时归 /102

第三节　悄问归程何处去 /128

第四节　秋思之愁绕心头 /148

第五节　那一枚象牙戒指 /158

第五章 且待来生再相逢

第一章 旧梦里命途多舛

　　提起那战火硝烟而又浪漫多情的民国，总能浮现出万千的旧梦魅影：奋起抗争的英雄、壮志未酬的诗人、辗转反侧的爱情，以及风华绝代、笔下生辉的才女。旧时的民国，提起女人，足以娓娓到来的一生无非是情感与家庭，以及独属于那个时代的苦难。然对于那些名垂文史的才女，她们风姿绰约的仪态、满腔热忱的生活、生生不息的文学探索……这一切都成为后人谈论的佳话。名起于北京的庐隐，实则出生于江南的婉约之乡，一南一北的生活经历恰巧成就了她独特的文学风格，其作品既有南方情感的婉约细腻，同时兼具北方情感的坚强旷达。这些令庐隐成为"五四"期间最为著名的女作家之一，与冰心、林徽因齐名，并称"福州三大才女"。民风初放的年代，庐隐对新式女性的出路、生存环境等都进行了深刻的思考，通过婉约的笔触和理性的思想传达出她内心的声音，从未放弃过为知识女性呐喊。

俗语有言：三岁看大，七岁看老。这句话并非全无意义，孩童年代应是最令人眷怀的，新奇的事物、天真的心情，还有不必担当的责任，这些都是人们每每提起童年自然产生的幸福感。然而对庐隐而言，孩童时代大抵上是不快乐的，甚至可谓是苦痛的。童年的种种遭遇，给庐隐的生活留下了深刻的烙印，即便是日后过的幸福美满，却也在提起之时让她叹息。

庐隐的父亲黄宝瑛是前清（1888 年）的举人，性格古板而暴躁，母亲则是未受教育的传统女性。1898 年（光绪二十四年）5 月 4 日，庐隐出生于福建省闽侯县，其时家中已有三位哥哥，父亲是期许着降生女儿的，这本是天大的喜事。奈何命运弄人，庐隐出世的当天，她的外祖母偏偏辞世，这令思想传统的母亲认为庐隐的命太硬，便生了嫌隙之心，认为庐隐是个不详的灾星，再无心照顾她，只是雇了个奶妈打发了出去。因而庐隐小时候几乎从未感受过来自母亲的呵护，更没有体验过别人口中的"母爱"。小孩子都是爱哭的，庐隐也不例外，她不仅喜欢哭，脾气也稍显执拗，哭起来便是一副天崩地坼的模样，经常扰的家里没有安宁，母亲不管她，好歹哥哥们偶尔还会哄哄她，可连带着三个哥哥们也没了耐性，失去了对她的热情，她更是个没人管的小孩了。恰巧庐隐生来体弱多病，两岁那年生了一身的疮疥，万分难忍之下终日嚎啕大哭，家中的人都冷漠地不予回应。母亲更加认为她是不详的，恨不得未曾生下她，终是照顾着她的奶妈心生怜悯，向母亲提议带到她家里去养，若是福大命大就送回来，不然也就算了，母亲竟然巴不得似的立刻答应，没有一丝不舍。

小庐隐就这样离开了家，随着奶妈到乡下去了。乡下的空气要比镇上好的多，虽然条件差了些，可环境自是极好的，一切都显得生机勃勃。也许是这样的气氛感染了庐隐，也许是不用再经受以前来自家庭的苛责，大概半年过后，她的疥疮渐渐痊愈来，就连身体也强壮了许多。这一切可谓是命中注定，祸福相依，捡回了一条命，按理说应是后福不浅的。

1902 年，庐隐的父亲谋到湖南长沙知县的官职，一家人都高兴不已，准备着随着父亲而去，满心期待着日后的荣华富贵。既然庐隐已经病愈，便把她接了回来，准备带她一起开拔长沙。庐隐那时还小，在家的时间并不长，在她的记忆里，似乎与奶妈同住的日子更为鲜活，自然对即将踏上的路程生出些许的惧意。水路漫漫，时间似乎停滞不前，寂寞的旅程给了庐隐胡思乱想的机会，她总是不自主地思念奶妈，还有同她一起玩耍的玩伴，这种负面情绪逐渐发酵、爆发，令她默默伤心流泪，随后竟哭闹不止。一开始还有人哄一哄她，后来大家都不再管她了。庐隐的父亲看到她一脸的哭丧模样，自是心头烦闷，少不得向她发火。每当这时，庐隐只得悻悻地安静下来，躲得远远的。在她的印象里，父亲好像从来也没有什么好脸色，她害怕极了。从水上往长沙去，路程似乎变得更加漫长，能做些什么呢，每天只有望着广阔的水面、初升的太阳、一轮明月独自发呆。家中的其他人也都不管庐隐，她就一个人呆呆地坐着，郁闷的心情得不到纾解，诸多不舍也渐渐地成了心病，似乎她那颗幼小的心灵自此就添了伤痕，随着水路里的寂寞渐渐爆发，只得日复一日地呜呜大哭，发泄一下心中那异样的情愫。哥哥们的安慰、母亲的恫吓都不能让她停止哭泣，她似乎就是下了狠心，打定了主意似的不肯收声。父亲的脾气总归是躁了些，终于在有一天商议公事的时候，发作了起来，忍无可忍想要把她扔到那滚滚而流的长江水中。可能又一次命不该绝，父亲与听差的撞了个满怀，庐隐这才捡回一命。可这在她那颗柔软的幼小心灵上又留下了难以磨灭的伤痕。从那以后她像个小木偶一样不爱说话，终日里呆呆地生活着。

不过三、四岁的小孩子，却两次徘徊在生死之间，幸而庐隐当时年纪尚小，对于很多事情仅有一点儿印象，若非如此，这么小的孩子要承受过多的来自父母的痛恨实在是太过残忍。庐隐这时候流露出的对于哭闹的执着也似乎显露了她未来的执拗与桀骜不驯，她这一生都是执拗的，带着属于她自己的孤傲之心。庐隐的母亲断然并非不爱她，只是碍于这戏剧般的人生，她诸多的嫌弃也为庐隐之后的悲惨童年埋下了伏笔。

举家迁到长沙后，生活日复一日的继续着。就在庐隐六岁的时候，不幸再次降临了这个家庭，她的父亲因心脏病去世了。这场病短短不过十日，她的父亲却因没挺过去而悲惨离世。庐隐的母亲当年也不过三十六岁，她最年长的兄长不过十五岁，除了三位兄长，她还有个小妹妹刚刚四岁。一家之主的父亲是全家人的倚靠，失去了他，就好像失去了所有的庇护，这一群妇孺孤寡失了他们的天、他们的地，六神无主的一家人笼罩在一股悲凄的气氛里，母亲更是沉浸在悲伤中无法自拔。母亲本就是个传统的女性，往日里家中大事均由父亲做主，如今父亲故去，对于这种突如其来的惨淡场面，自是无从应付。丧事也是由父亲的同僚们做主，将就办了的，这之后的一家人就不知何去何从。惆怅的日子里，庐隐母亲的弟弟——孩子们的舅父，在听闻家道变故的消息后，立刻拍电报来表示要接他们到北京去。母亲当下便做主把父亲所留下的一万多两银子，以及变卖家当所得，折成两万块钱的现款，打到一张汇票上贴身带着，准备带着孩子们投奔那位在北京担任农商部员外郎兼太医院御医的弟弟。

去往北京的路上也不算太平，途中遭遇黄河发大水，顷刻间就把火车站淹了，迫于当时的路况，火车就此停在了许州。这一场家中变故在前，路途不顺在后，一家人困在列车里，进退不得，终日人心惶惶，母亲过度哀伤而大受打击，本是微恙在身，却也因着眼下的形势急速恶化，不几日便生了大病。火车上的旅客大多自顾不暇，终究还是陌路人，也没人前来帮一帮几个小孩子，年纪最大的兄长早已是慌了神，几个弟弟妹妹更是不知所措，所有的委屈都涌了出来，悲伤的情绪愈发浓重，几个人依偎在母亲身边嚎啕大哭，似是这样与母亲感同身受，内心会好过一些。母亲病得无暇顾他，昏昏沉沉、神智不清。最后还是火车站的站长发善心救了一家人。说起来也是有缘，站长李先生亦是福建人，竟与庐隐舅父是旧相识，于是将一家人接至家中，打算待水退之后再行商议。

母亲算是得救，一家人也算是有了些许盼头。李站长的母亲亦是个慈善的人，二话不说地将一行人安顿好，他们家的房子在山顶上，凭空这么多人自是住不下，就让婢女带着庐隐住在了靠近车站的客栈里。小庐隐再次被家人排挤在外，她年岁小，对母亲的病懵懵懂懂，只知道困在车内的日子终于到头了，除了偶尔探望母亲，其余的时间几乎都是在客栈里与婢女玩耍。一天中午，庐隐照例去探望母亲，正好赶上她发病，只见母亲发了疯似的将身上的衣服撕下来扔在地上，这可把庐隐吓得心神俱散，只能在旁边凄凄地看着。母亲的病已经相当严重，急需治疗，奈何小地方发了大水，难以请到医生，几个孩子每天祈求上天垂怜，盼望母亲赶快好起来。李站长每天在站台上忙来忙去，打听到这列火车上有位名医，被大水耽搁在此地，赶忙派人请了医生来。幸好医生说并不是什么大病，只因太过忧伤，心火过大，加之感冒久治不愈，反复发作起来，更加体质虚弱。医生的诊断总归是给众人吃了一颗定心丸，只得让母亲继续静养，等待痊愈。

　　日复一日的吃药，母亲的身体也渐渐地好了起来，就这样前前后后耽搁了将近三个月之久，黄河水势才完全退下去。眼看一切都往好的方向发展，舅父久等不到众人，派了人来接，一家人道谢辞行，再次踏上了去往北京的行程。

又行了小半月，终于抵京，一家人坐上骡车，看着周围繁华缭乱的街景，怀着忐忑的心开始了新的生活。舅父时任农工商部员外郎，兼任着太医院御医，因而家道正兴，家中的吃穿用度自然也是极好的。在庐隐的印象中，舅父的家是相当的富丽堂皇，甚至还有一座后花园。舅父家算是个大家庭，姊妹众多，听闻家中要有寄宿的亲戚到来，都一窝蜂似的簇拥着打探一行人，尤其看到与他们年纪相仿的几个孩子，眼中充满了好奇与期待。母亲乍一与舅父相见，又想起那苦命的丈夫，所有的委屈与伤心一起化成眼泪唰唰而下，舅父也忍不住情绪波动，低声安慰几句。

与母亲的反应不同，大概庐隐与哥哥们几乎未见过舅父一家，怯弱地依偎在母亲背后，大哥一手牵着一个妹妹，哪一个都不肯出声，这场面反倒更让舅父怜悯。直到四表秭拿着糖果来哄，才把几个怯生生的孩子哄到内间去。自此，这半家人就在舅父家寄住下来，舅父帮着母亲将那两万块存进了钱庄，解了母亲的后顾之忧。

横遭变故的家庭总算再度回归了平静，过起了踏实的生活。

寄人篱下的日子里，面对这么一个偌大的家庭，庐隐怀着一颗敏感懵懂的心，感受着生活带来的变化，似乎每一次的重新开始都是上天给予的一次宝贵机会，可以完全从旧有的生活里脱身，忘掉所有经历过的苦难，重新建构自己，活出新的精彩。庐隐总算是走出年幼的噩梦，换了一个更好的生活环境，也有了更多兄弟姊妹的陪伴，于她而言无异于一场重生，她满怀希望，对于未来的日子满是期待。然而她不知道的是，有时候重新开始未必意味着新的希望。

第三节

混世少女

　　在舅父家生活两年，庐隐也渐渐地敞开了心胸，活泼了起来。身在北平，就不能像在家乡那么随意了，到了岁数自然是需要念书学习的。舅父特意为孩子们请了教书先生，教导家中的兄弟哥儿们。在这种官宦大家庭里，男孩子念书是天经地义，女孩子也少不得要认几个字的，母亲从内心里还是厌烦这个女儿，没有让她随着众人念书。舅父便指定庐隐的姨母来给她单独授课。这位姨母当年由舅父悉心教导，也有着不俗的知识面儿，会读一些女四书之类的，水平虽说比不上外面的教书先生，但是教导一字不识的庐隐，还是相当有余裕的。

　　念书对玩心颇重的庐隐而言并不是个好消息，毕竟她之前在家中不受重视，从未接触过这些，心理上自然有些抵触，更何况她不似舅父家的那些同龄女孩，从小

养在深闺里，有着沉静的性子。她是在外疯玩惯了的，耐心远远不够。让她念书，简直如同要掉她的半条命。读书对于别人那是汲汲营营的好事，对她则好似从天而降的一场灾难。姨母每天为她讲述一课的文章，也不管庐隐是否能懂，之后就把她反锁在房间里，让她一个人独自学习。说来也不能全怪庐隐，姨母的这种方式若是对一些岁数稍大的孩子还好，年仅七岁的她自制力有限，很难就坐下来踏实念书，姨母一走，她的心似乎也走出了那个屋子。她的精神立刻松散下去，东张西望，小眼睛转的溜溜儿的。读书的小房间，摆着一张小小的书桌，还有两个人的椅子，除此之外再无其他，冷冷清清的居室，她自己一个人翻着手中的书，发出娑娑的声响，胆小如她，内心里着实是觉得怪瘆人的。庐隐磨磨蹭蹭地阅读着那些个形态各异的字，陌生的不能再陌生，这使得她刚刚建立起一点儿的学习兴趣也消失殆尽。每当这个时候，她都会暗暗生气，内心深处的执拗劲儿就上来了，在莫名的破坏欲的驱使下，再也提不起一点儿读书的兴致，她就偷偷地起身，站在门缝儿里往外瞧。

外面的世界多么精彩哟，哥哥们或在院子里唱歌，或围在一起玩捉迷藏，比起她关在屋子里念书要快活多了。这样一来她的心更加浮躁，已经完全看不进书了，或者在窗纸上戳一个洞，或者透过门缝全然关注着他们的欢乐时光，情绪随着他们起起伏伏，丝毫不比他们投入的感情少。时间就这么悄无声息地在窗纸两边的喧闹与寂寞中流逝。临近中午，姨母也该回来检查作业了，这个时候庐隐终于又想起读书的任务，内心开始万分愁苦与后悔，一颗心七上八下地跳个不停，蹑手蹑脚地坐下，假装背书。姨母总是用力地推开大门，径直走过来抽走庐隐手中的书，沉声命令她开始背书。一上午的心不在焉，庐隐根本就没往心里记一个字，甚至连字都认不出呢，哪里还能出口成章背出来！她总是把头低的深深的，就那么站着，看着脚尖发呆，任凭姨母如何刺激和逼迫，她也不肯吭一声。可想而知，这样的态度总令姨母火冒三丈，恨不得拿着书朝她打下去才解气。姨母总是一把拉过她，狠狠地教训过，再次让她背书。庐隐自知是绕不过去的，也知自己无论如何是背不出的，她只有偷偷抬起眼来看向姨母，细弱蚊声地求饶。姨母的火气稍微下去一些，纵然还不肯放过她，奚落她过于愚笨，统共几十个字的课文念了一个上午还是不会背，转念让她读出来，也算是彼此都有个台阶下。但是她几乎都未看到一遍呢，无奈之下小声地磕磕巴巴试着念一句，竟足足念了三个别字。可倒好，姨母稍稍退去的火气再一次冒出来，一把拉过她，翻开她的手心，狠狠地下去，气愤地指责她学习一点也不上心，还不如哥哥妹妹的悟性，警告她如果明天还是这样不肯用心，就不给吃饭。庐隐咬牙擦开眼泪，收拾一下情绪往她母亲的房间慢慢走去。哪知一抬头就看到姨母也在，心中再次警铃大作。母亲一看她进来，就狠狠地瞪了一眼，劈头盖脸一顿骂，随手抄起鸡毛掸子，把庐隐按在床上，作势打了几下。庐隐一声不吭，只是默默地啜泣，心中有百般委屈，母亲对她很少和颜悦色，她不明白为何母亲总是这样狠心打骂，忍不住想自己许是家里捡来的。年幼的庐隐无数次伤心失望，又无数次充满希望地原谅家人。她不过是个孩子，也会流泪，也会疲惫。命运正是如此，除了面对，她别无选择。

挨过打，她暗下决心第二天可要用心点读书。可是到了第二天，她在那如同牢笼般紧闭的房间里，依旧无心学习，情愿去抠白墙上的粉，剜半天，剜一地，也不肯读一个字，当下又免不了一顿责罚。就这样，今天挨顿打，明天挨顿饿已变成了日常往事，可这些都拗不过她那硬脾气，她是怎样都不肯屈服的。

这样的女儿愈发令母亲生厌，因而对她的态度就更不好了，恨不得在人前表现出一副"生生要与她断绝了关系"的模样。自己的母亲都不爱自己，旁人又会有几分怜悯呢。时间久了，家里的其他人都认为庐隐是个不听话、不可教的孩子，不愿意搭理她。她在这家庭的地位，恐怕连那些小婢女都不如。她却不放在心上，她也不愿理这些，除了每天念书，呆在那上锁的房间里，其余时间都是一个人在花园里消磨时光，旁人不与她玩耍，她就自己玩儿，和花园里的鸟儿、虫儿作伴，与花花草草为伴，日子倒也过的清闲。既是避无可避的命运，除了接受和适应，也别无他法。幸而庐隐从未屈服于多舛的命运，用独特的闲适之心过着她的宿命。也正是因她这份坚强乐观，才让人又怜又爱，忍不住为她唏嘘一番。

直到有一天发生了一件不得了的事。这天姨母照例为庐隐授课后，直接走掉，匆忙之间竟然把手表落在了桌上。这彻底勾起了庐隐的好奇心，当即做了一件惊天动地的大事！她先是细细欣赏了一番，又大胆地把表盖子掀开，将里面的内部零件一一拆卸下来，各式各样的小零件令她心花怒放，拨拨那个，碰碰这个，就像开了个小五金商店，玩的甚是开心。时间飞逝，她猛地想起姨母可能快回来了，急忙按照一开始的顺序慢慢把它们装回原位，又恢复了原状，匆忙间不小心扭断了发条。默默放回桌上后，又装模作样地读起书来，果不其然，姨母发现之后找了回来。她不敢吱声，出乎意料的是姨母拾起表戴上就离开了，庐隐那颗七上八下的小心脏算是落回了原位，暗想幸好姨母没有仔细查看，心里盘算着等会儿被发现后不承认便是。

　　庐隐忐忑地嘀咕了一中午，下午在院子里玩耍，耳边隐隐约约传来姨母说话的声音，那声音里夹杂着几句"表不走"、"怪事"的词汇，这下子可吓坏了庐隐，那颗心怦怦跳着，心虚地一猫腰扎入花园深处，藏在一座假山里。过了一会儿果然听到有人呼唤她，细细一听原来是二哥，她亦是不敢回应。夜幕降临，花园里早就没有人，冷冷清清的，一阵风拂过，只听树枝摇晃的沙沙声，还有古怪的虫鸣声，吓得她不敢再躲下去，赶紧跑出去，刚刚跑到院子，就被母亲给捉住了。母亲把她扯进屋子，冷声质问是不是她把表弄坏的，恰巧姨母也来了，见此情形她自然是不敢承认，笔直地站在那里瞪着个大眼睛望着母亲，一声不吭。这股子执拗劲儿早就令母亲三番五次冒火生气，气得放出狠话要拿针去缝她的嘴。她知道是瞒不下去了，只好承认，并把拆装过程也和盘托出。母亲一听更是火大，恨不得把那不争气的女儿给打出去，非要把她关进小黑屋，再狠狠地饿上一天，挫一挫她这闯祸的性子。庐隐本以为只是吓唬一通就过去了，哪曾想母亲真的吩咐婢女把她关进了小黑屋，她无力反抗，屋里阴森潮湿，只有几把破椅子和一堆干枯柴草，她虽然委屈，只好默默承受。

　　小黑屋里肮脏潮湿，这无声的寂寞好似铺天盖地般地笼罩而来，她坐在那堆柴草上瑟瑟发抖，黑暗里所有五感都变得极其敏感，直到她的情绪完全崩溃，除了哭还是哭，仿佛要把那厄运都哭散才肯罢休。她忽的又想到当初父亲差点把她扔入大海，现在想来，当初还不如葬身江流，那也就罢了，现在这样的生活更让她感到悲苦和厌恶，她想着还不如死了，也比这样要欢喜得多。得不到母亲的爱，更不得到家人的温柔关怀。她觉得这家里的人都是可恨的，哥哥也好，妹妹也好，虽然偶尔会关心她，在母亲打她的时候也会抱着母亲的腿求情，可很多时候，他们总是轻易就向母亲告状，使她陷入绝望的境地里。哭累了，她就蜷缩在柴堆上，又饿又气又委屈，过一会儿遂又哭起来，直到筋疲力尽不知何时睡了过去。这模样就像暴风雨中被抛弃的小雏鸟，拍着翅膀哭闹了半天，到头来也是没用的。直到第二天，大约是家里的表姊妹们同母亲求情，终将她放了出来，这件事也就不了了之，可自从那天起她的境遇也没有好哪去，家中的众人更加讨厌她了。

寄人篱下总是有些底气不足的，遇到各种各样的委屈都要撑住，他人屋檐下，岂可不低头。像庐隐这样本来又不受自己亲生母亲待见，偏偏又是住在他人家中，生活质量便不言而喻，再别提所谓的亲情，提来都难以启齿。她倒不似红楼梦中柔弱多情的林黛玉，终日将委屈咽下郁郁寡欢，反而有些混世魔王的模样，愈发放肆了，反正这家里也没有人会在意她，倒不如自己痛快了算。也多亏了没心没肺，不然身处水深火热的庐隐早就让他们给折磨去了！

第四节　二次驱逐

不受宠爱的庐隐日复一日地混日子，不知不觉间她已经九岁有余，母亲照例是从心眼里憎恶她的，后来就连睡觉，都是让她同婢女睡在一个偏僻的房间里。兄弟姊妹众多又如何，没有人陪她玩儿，他们投来的都是冷漠的眼神。庐隐年复一年早已习惯这些，白天就一个人在花园里闲逛，脸上也没有笑容，内心里早已无比荒凉。

偶尔家里有什么喜事，或是来了客人，母亲总是把她锁在另外一间屋子里，不让她出来见客，也不许她参加宴席，仿佛是怕她的出现给众人带来不快、带来灾难，更不愿因为她而跌了面子，令舅父家难堪。庐隐的胞兄胞妹却可以精心打扮过抛头露面，参加各色宴会而谈笑风生。这令她更伤心绝望，渐渐麻木，反正在别人的眼里，她庐隐不过是个愚笨、让人讨厌的人，她已经学会了去漠视和接受这些诋毁。

继续浑浑噩噩地过着生活，大概半年后，舅母到妇婴医院看病，遇到熟人聊天才知道原来医院对面有一所教会学校（美国教会办的慕贞学院），可以让学生住校，并且提供膳宿，唯一的不足是只有年假与暑假才能回家。这令舅母异常兴奋，遂又细细询问了，原来如果学生信教，学校更是不要学费，只需要缴纳十二块大洋便可入学。要是不信教呢，也是可以慢慢培养的，学费也相当便宜。舅母带着这个消息回家，同庐隐母亲谈过，母亲不出意外的喜出望外，恨不得立刻就把她送去，当下便做了决定。庐隐只有接受，彻彻底底的寒心。

　　全家人都沉浸在甩开"包袱"的喜悦中，准备了些日子，舅母和一位表兄把她送到慕贞学院小学部。在舅父家的几年，庐隐没有体会过快乐的感觉，对那样的家庭环境只有厌恶与怨恨，对于这所将要收容自己的教会学校，她除了平静，什么别样的情绪也没有。她异常沉默地打量着眼前的景象，学校是西式建筑，校门是考究的镂空雕刻铁门，刚进大门就是一片广阔的草坪，正值夏天草丛翠碧，修剪的整整齐齐，除此之外便是花畦，各色的花儿争相斗艳好不热闹，乍一望去满是生机。这幅绿意盎然的风景深深烙印在庐隐内心深处，即使多年后回忆起来，依然如初见般希望满满。穿过草坪，赫然是一幢小楼，上了几级石阶就是校长的公事房，校长是一位美国妇人，看样子已年过半百，这是庐隐第一次见到外国人，她竟一时移不开眼睛，西方女人的气质是全然不同于东方人的，她们的脸上生来似乎就挂着温暖的笑容，不似东方女性的严肃。庐隐好奇地打量着面前这位金发碧眼的朱太太，她的情感终于起了波澜，不再似往常般死气沉沉。

　　舅母拉着庐隐的手走到校长面前，恭敬地说明来意，希望朱太太考虑让庐隐入学。朱太太端详了一会儿，询问庐隐是否信教，舅母赶快说现在不信，以后定会信的。朱太太想了想又问她的年岁，舅母唯恐被拒绝，踌躇地先询问了当下学校里孩子的平均年龄，竟然是十岁，思如此，舅母信口脱出庐隐足够十一岁，掩饰着她的真实年龄。然而庐隐看上去着实身材矮小了些，哪里像是十一岁的孩子呢。朱太太也有所有怀疑，遂又转念问庐隐是否属实，小孩子本不愿撒谎的，刚要如实回答是九岁，就听舅母用福建话低声嘱咐她回答十一岁，她只好悻悻地回答了朱太太。朱太太终于放心，随手拿出一张表格，将她的个人信息填了，又对舅母说起学校的规矩，包括要信道理、日常要守规矩、只能暑假回家、婚姻大事也由学校做主，不然是不肯让她入学的。虽然极力想把庐隐从家中赶出去，奈何舅母一家也是极为传统的人，沉思了一会儿，将庐隐的情况细细说了，唯一不能让步的便是婚姻问题，这得回去由她母亲做主。朱太太倒也没有多做勉强，算是答应，嘱咐舅母把志愿书带回去再行商量，如果一切都同意的话成为正式的学生，不然就只能是附读。

　　舅母点头答应，试探着询问是否能够让庐隐今天就留下，庐隐再一次心凉，心知是家人不愿意再见到她，，今天就要把她留下，可也容不得她反抗，只得作罢。朱太太也答应了，安排着庐隐入校，舅母满心欢喜，当下将庐隐拽到一处，低声嘱咐她认真学习，莫要再贪玩，在这里听从老师的话。表兄也把为庐隐准备的行李交付于她，也稍作嘱咐。最后舅母留了两块钱作零花钱，与校长道过谢，启程回去，并未再多做留恋。

　　庐隐还未反映过来这就是别离了，她的心思完全沉浸在手中那泛着光亮的两块大洋上，这是她第一次有自己的零用钱——在这之前她可是完全没见过哩！倒不是家中穷困潦倒，皆因母亲的偏心，从来不肯给她这些的。

隐去庐山自从容

直到新鲜够了，一抬头发现舅母和表哥都已经离开，唯独她孤零零地站在公事房里，终于明白现在是一个人了，离开了那个家，接下来的一切都要她自己去面对。本应该是暗自欢喜的，可房中静的可怕，她惊觉这里是那么阴冷，原来是个生疏可怕的地方，想着想着不自觉地眼泪就下来了。朱太太看着这个小女孩也着实可怜，轻声哄着她，告诉她这里并不可怕，有好多同她一样的玩伴，以后的日子不会太孤单。从前没人和庐隐一起玩，她不禁幻想着那会是怎样一番光景，就渐渐止住了哭声。朱太太命令一位妇人去找个大学生来照顾庐隐，自顾自地坐在书桌前不知写起什么来。此刻的庐隐全然一副迷茫的表情，呆呆地站在窗前，看着一进门走过的那片青翠草地，花畦里盛开着的娇艳欲滴的花儿，心中涌起一股不知名的情绪，许是期待，许是恐惧，许是惆怅，总之她晓得命运再一次改变了。殊不知未来等待着她的又是哪一番光景。

正当她忘我的沉浸在这股悄无声息涌来的复杂情绪时，传来了"笃笃"的敲门声，只见进来一位十七八岁的女子，高挑的身材，谦恭地向朱太太问好。朱太太便直接挥手让那女子将庐隐带去了。

这名唤做秦瑞玉的女子径直走到庐隐的身边，拉起她的手往外走去，庐隐怯生生的，她还从未被别人如此对待呢。她忽闪着一双大眼睛左看右看，只见走过了一条长长的甬道，又穿过了一扇门，走到了一个大院子里，这弯弯曲曲的路让她很是好奇。院子里有一排楼房，庐隐站住细细打量着眼前的光景，先前的那种期待渐渐退去，后院的一排房子矮矮的，不似前院的讲究，看起来有点破破烂烂的，院子里没有一株树，更没有一株花草，莫名的显得死气沉沉，置身其中仿佛有种阴森的气息从四面扑来。再看看那些学生，一个个瘦弱的模样，面色萎黄，一点精神也没有，还不似她这个家里的受气包呢。再看他们的衣服，全都是一个式样，穿的早已破旧不堪，怎么看都觉得有那么一些恐怖。庐隐这个时候才觉得可怕，原先脑子里幻想着的新生活竟是这般，不禁感到退缩了，甚至还不如家中的情况好。众人都是没见过庐隐的，她一走进，大家呼啦一下围了上来，问长问短，直到秦姐姐告诉他们是新来的学生，他们才觉得并没什么新奇的，转身呼啦又散去了。刚刚经历过围堵的庐隐，仿佛还在梦中，众人的反应不知为何像一块大石头那样砸在了庐隐的心底，隐隐觉得担忧。

隐去庐山自从容

　　秦瑞玉领着她继续往前走，将她安置到楼下的一间小屋，随后表明自己是室长，凡事都要听她的安排。庐隐在舅父家住了好几年，自然明白人前低头的道理，怯弱地点头答应，转身偷偷察看这家小屋的各个角落。只见这房间里的陈设相当简单，只有一张大木榻还有墙内嵌着的一只大木柜，以及一套桌椅，也没有看到类似箱子之类的摆设，不禁感到纳闷。不过与舅父家对比，这里的环境与当初在家里并无不同，总之都是条件相当低劣，可她有了先前的经验，因而也就不甚在意了。直到庐隐的行李和被褥拿来，才知道原来那木榻里是腾空的，里面放着几床被褥，于是把她的也直接放在了其中。至于她的那只小行李箱，便被安置在桌子下。只是庐隐觉得诧异，这里的摆设也未免太奇怪，别人的行李该放在哪里呢。可初来乍到的她断是不敢问的，过了几天才知道原来同学们都家境一般，基本上都是贫农，衣服也不过身上那件，断然是不需要放行李的。与此相比，反而是在家里犹如婢女般待遇的庐隐，倒像是个"资产阶级"一般的人物了。既来之，则安之，庐隐早已别无所求，只要有个居所就好了，在满心的疑问中她再次开始了新生活。

过了几天，庐隐总算打听清楚这个教会学校。原来这里专门接收那些穷人家的孩子，他们大多来自贫寒的教徒家，也有一些虽不是教徒，却因为家中养不起而送到这里来。这个学校最大的特点就是学费全免，还能有免费的膳食，甚至学校还会负担学生回家的路费。当然天下没有那么轻而易举的好事，既然来了教会学校，学生是需要信教的，民国时期有不少西方的教徒来传教，将这些孩子发展成教友是大有利益的，。那些贫穷人家的孩子有几个是要真的信教呢，不过是在这乱世之中勉强糊口，学校远比家中要强出几倍，孩子也能养活，这种天赐的好事还有什么可抱怨的，他们也就任学校摆布了。学校将他们培养成有奴性的教徒，等这些人毕业之后，随机分配至各地的教堂，继续传教的大业，这样教友也就逐渐增多，达到了洋人的目的。庐隐当真是刚刚脱离

隐去庐山自从容

一片苦海，转身又跳入另一片苦海。

自从进入到这所学校，年纪尚浅的庐隐感受到了从前未曾体验过的精神苦痛，家中再怎么不待见她，她也是个堂堂正正的人，不过是态度恶劣了些。然而在这里，来自同学的欺负可是不管不顾的，大孩子欺负她年纪小，不管她能不能承受，也会让她将一满桶的水从楼下提到楼上去。如若她不肯做，就会有孩子站出来说些不中听的闲话，指责她摆小姐架子，或者威胁着要到朱太太那里告状。庐隐被逼无奈，只好含泪提着那满桶的水上楼，她能有几分力量呢，果真是把左脚筋扭伤了，痛的连路也走不了。夜里疼的无法入睡，再思念到这学校的种种经历，任由眼泪打湿了枕巾，也不敢出声哭泣。直到第二天，学校才容许她去医院检查，自是上了药，可依旧止不住那钻心的疼痛。她万分委屈，竟思念起待她不好的舅父一家。幸好通过小半年的悉心念书，她的学问有了长进，能够写白话信了。从医院归来，她实在是从心底生了某种异样情绪，大抵上或是委屈极了，提笔给母亲写了一封信，描述了离家半年的生活，诉说了这里生活的清贫苦楚，小到每天的吃食，难以下咽的老窝头、老米饭和唯一的咸菜，大到来自同侪的欺侮，以及这次生病的痛苦。信末，她委婉地希望母亲能够接她回去，摆脱这所如"地狱"般的学校。

信寄出后，她每天都翘首期盼母亲的到来。可能母亲惊讶于她竟然长进到会写字了，还是有些回心转意的，可又怕是那混世少女托人代笔之作。左右为难之际，母亲决定亲自到学校去探望她。待到周六，母亲和舅母提着许多东西来到学校，庐隐从远远的就看到她们穿着讲究的衣服，这样的场面令她心内微微刺痛，凭什么只有她在这里受苦。舅母将那些东西都送给了朱太太，希望能给予庐隐一些特殊的照顾。这番场景被许多同学看到，不免窃窃私语，那些话听来难于入耳。虽是私语，这番话还是被舅母听到了，一方面碍于身份，一方面心里也着实有些过意不去，便与母亲商量既然现在庐隐也有了长进，就不要再苛刻了，不如让她吃小厨房的菜，反正也没差多少钱，算是奖励罢。庐隐到底也是母亲十月怀胎生下的，又怎能丝毫不动容，心下便有了计较，便问小厨房的价钱。庐隐一听，立刻高声回答"三块钱"！母亲已经松口，本应该是高兴的，可庐隐呜呜哭了起来，想来是万分委屈的，母亲见状也就未再坚持，算是应承下来。庐隐深知母亲这行是不会接她回去了，还是有些伤心失望，这个地方她真是一天也呆不下去，可又能怎样呢，只得继续忍受下去。好在解决了膳食的难题，总要比以前好上许多，她又安慰自己也许慢慢都会好起来的。哪知未过几日又发生了一件大事，命运之神可能是真的不眷顾她，厄运是无论如何要跟着她的。

庐隐那受伤的脚再度肿了起来，这次需要手术才能治疗，医生告诫她，由于先天体质较差，可能有骨节痨的风险，需要好好养着才能痊愈。由于伤势严重，庐隐只得住院，她这一进医院，就没再出来，大概住了将近半年多的时间。这期间受伤的脚总是肿烂不停，一个疮口长好，另一个疮又长出来，最严重时一只脚面上长出三个疮，疼到无法行走，只能靠着拐杖勉强走两步，竟和残疾人一般。后来吃了很多鱼肝油、补血丸一类的补品，身体才有所恢复。就在她觉得将好出院之时，哪知出奇的是肺管又破裂了，止不住地吐血，又养了将就半年时光。前后两次大病快要了她的命，她也不知自己到底是造了什么孽，命运之神总是不让她好过，终日呼吸着刺鼻的消毒水味道，她变得了无生趣，渐渐心灰意冷。

待到撑过来，大病初愈之际，她再次回到了学校，这个时候恰逢学生每日要到礼拜堂礼拜，她也跟着去了。

只见那些学生一个个跪在地上，小声喃喃地祈祷和忏悔，有的人还放声痛哭，好似发了狂。庐隐跪在那里，既不祈祷，也不忏悔，睁着个大眼睛冷冷看着面前的这群痴狂之人。朱太太见状，来到她身边跪下，替她祷告起来。可庐隐这个时候经历过生死之事，还有什么可信的呢，自然是不信上帝的。朱太太觉得庐隐真是太可怕了，再接再厉地劝她信上帝，用了浑身解数来教导她。庐隐倒没有感到朱太太的话有什么逻辑，可当她听说信了上帝就能减少痛苦的时候，反倒有了回应。她应是过的太苦了，一番大病也令她想了很多，觉得当下这样活着也没什么意思，感受不到这世间的暖意，亲生母亲不爱她，兄弟姊妹抛弃她，病痛折磨她，没有归宿也不知道要怎样走下去，她的心是那么空虚，既然如此还不如信了上帝。思及此，她不由得放声大哭，哭的昏天黑地，待到再次冷静下来，她含泪告诉朱太太，她决定信上帝了。戏剧般的，庐隐成了一名教徒。

可能是宗教的信仰洗礼，她不再那么绝望了，减轻了一些心灵上的苦痛，每当她陷入低迷的情绪，无论是恐惧还是苦难，她便虔诚的祷告，至少令她有了希望，得到一丝心理慰藉。

第六节　终觅出路

　　暑假里庐隐终于回到久违的舅父家，其时她已信教，便向家中的哥哥们宣传教义。然信教与不信教之间总归是横亘鸿沟的，庐隐没少遭到哥哥们的白眼与冷言嘲讽，她不免感到难过，却也不忘替哥哥们祷告。

　　热闹的暑假一过，她再次回到了慕贞学院，这回跟着来的还有家中的一对表妹——同是天涯可怜人，她们失去了父母，两姐妹中的一个还患了肺病。三个人莫名感同身受，倒也算是个伴儿了，彼此互相支持，聊以慰籍。

　　大约两月后，革命军在武昌起义，各地的革命军纷纷响应，各地相继沦陷，举起反清大旗，世道一片混乱。庐隐的家里人都逃到天津租界，三个孩子却留在慕贞学院里避难。随着革命活动的高涨，就连学校也将要沦陷，再不肯提供避难所了，家里才派人去接几个孩子，三个小可怜坐在骡车里，只见街上异常冷清，根本就没有行人，地上到处都横着死尸，用席子略略遮盖，这番惨景令几个孩子吓破了胆，抬头一看，就连路边的几棵白杨树上也挂着无头尸身，简直是再也不敢睁眼，只好蜷缩在一起，躲在角落里瑟瑟发抖，只希望到家的距离能短些、短些、再短些。家里人托了关系弄到一个护照，通行还是没问题的，好歹安全回到家。一路风尘仆仆、担惊受怕，好不容易坐下来能安心吃顿饭，可孩子们这才发现家中早已人去楼空，只留下一位表兄和听差的下人看家，原来家人从一开始就是要抛弃她们的，那对姐妹没有了父母，自然是没人关心，可庐隐的母亲竟然自顾自地逃难，一点儿也不关心亲生女儿的性命。思及此，谁还能吃下去饭呢，只见庐隐倚靠着一根柱子放声大哭，连带着两姊妹一个伏在风琴上哭，一个端着碗哭。一路的恐惧、家人的冷漠、多舛的命运……可能唯一的宣泄方式便是哭了，可就算哭成天崩地坼，这样的现状也无法改变，母亲依旧选择对她不闻不问，日子也还是要过下去的……

　　接下来的几天也是不好过的，家里的几个人每天都神色紧绷，白天还好，到了晚上一听到狗吠与枪声，几个人就立刻起来藏到土窖里去，唯恐成为枪下亡魂。幸好几日之后，天津那边的亲戚派人来接，这几个表兄妹才启程去和众人汇合。

大约过了半年，清帝退位，终于在 1912 年 1 月 1 日，改号民国，全家人终又回到北京。母亲打算将庐隐与那对姊妹送回教会学校。然而学校死气沉沉的生活和倍受欺负的经历早已让庐隐厌倦，她是一点儿也不想回去的，可敢怒不敢言，只得先忍下来。恰逢大哥黄勉从福建回到家中，因着大哥对她还是比较关心的，便私下同大哥说起教会学校的事情，求大哥教导她作文章。没想到她还是有些天分的，大哥教导了几次，她便开始写出小短文了，接连又作了几篇之后，满怀希望地偷偷跑去报考高等小学。这次承蒙命运之神眷顾，竟然考上了，回来同母亲说了打算，幸得大哥从旁劝说，母亲也就不再坚持送她回去的主张。庐隐凭借着自己的努力考取了北京女子高等师范学校附设高等小学五年级，第一次掌控自己的人生，走出了这个留给她无数阴影和伤痛的家，而这仅仅是开始。

进入高小学习了一个学期，庐隐就有了很大进步，放假归家说起这些，家中的亲戚对她也是刮目相看，觉得她好似换了一副精神，不再是以前那个蠢笨的孩子了。

受到鼓励的庐隐敞开心怀，更加拼命努力，作了许多短文，大哥也肯替她批改，进步的更多了。年假之后，学校打算扩充，开办一班师范预科，听闻这个消息，庐隐又与大哥商量，想要去参加考试，考上的话，也能让母亲刮目相看，大哥便应允了。哪知好运气一来是挡也挡不住的，这次竟又顺利考上了！庐隐刚一得知知结果时，欢喜地还以为是发梦，家里的人自然更是不信的，直到再次开学搬到学校去，家里的亲戚才感叹这孩子竟然出息了！

　　庐隐的童年虽说是厄运连连、命途多舛，幸而她未曾放弃自己，到底是自身努力的抗争，才得以脱离家庭这一想不到的苦海。多年后，庐隐早已不似当年的绝望，可每当回忆起童年，她仍不能去改写那十多年的命运，不能给那段时光凭空添上一丝不染的纯真与快乐。

　　一个人性格的形成往往是和童年分不开的，就像庐隐，她童年的这种苦痛经历在性情形成的过程中留下了深刻的烙印。即便日后的庐隐在后天经历中培养起洒脱的性情，也掩饰不了先天性格的存在，总会在某个特殊时刻释放开来。也是十多年的苦难童年令她倍加珍惜独立、自由，她才更加关注着女性的地位，追求女性天性的解放，而这些在她日后的作品中也鲜明的体现出来。

虽然童年留给她的苦痛要多过幸福，可她却没有沉沦，反而有了一颗坚韧的抗争之心，她柔弱的身体里藏着的实是一颗女战士的坚强之心。

第二章 青春不识愁滋味

　　考进女子师范学校之后，庐隐开始了她的中学时代，一晃即是五年，对于刚刚进入这个大千世界的她而言，发生了许多难以忘怀的事情，当真是一场青春缤纷梦。少年不识愁滋味，这段经历带给她的，是惊喜多过惆怅，有辛酸，更有欢乐。总之她的青春就在无声无息中拉开了序幕，轰轰烈烈地好不热闹！

第一节 严肃的沉闷学校

庐隐十三岁那年的秋天，她走入了女子师范的大门，开始念一年级。她是全年级中最小的那一个，偏偏身材也比同龄人矮小一些，绑着两条小辫子，一脸的稚气未脱。当她走入课堂，同班的同学无一不惊奇地认为这明明是个四五年级的学生，怎么会上了中学呢。她也因着这副身材坐在了第一排的位置上。

学监曹先生其实是一位中年妇女，第一堂课上带来的便是一份学生规范，罗列着这个学校对于学生的各种要求，简直是异常森严，同学们看过，无一不觉得惆怅，庐隐也不例外，她可能还要比别人更加愁眉不展，原因无他，这里面尤其有两条，简直是让她不堪忍受。

这其一嘛，便是不许穿制服以外的任何衣服。学校

隐去庐山自从容

民国时期的教育是借鉴日本的教育模式，因而学生大多都要梳高搭凉棚式的日本头，奈何这对于还不大会梳头的庐隐来说简直是难中之难。她只好求助于别人，央求着同学帮她梳头，实在没有办法就只好将就着把头发参差不齐地梳上去，旁人看来常常忍不住发笑。因着她也实在是年龄最小，学监和校长商议之后，为她开了个绿灯，特许她不用拘泥于头型，可以继续梳两条辫子。多亏年龄带来的额外恩待，反倒让她因祸得福，人也是羡慕不已。发型可以特许，但是制服就不能再迁就了，庐隐毫无例外也是要穿的。那会儿的制服式分春秋两套的。夏季的一套是灰色的料子，刚刚发下来的时候还算是崭新，然而洗过几次就褶皱难平，颜色难免更加灰败。秋冬的则是一套墨绿色的衣服，同样洗过之后也逃脱不了褪色的问题。同学们自然是难以忍受的，好歹发型还算是搭配得当，可庐隐的额外恩待则不然，两条小辫子再配上褪色褶皱的衣物，反而比别人更加显眼。这不伦不类的样子每每令同学捧腹大笑，庐隐恼怒着也别无他法，甚至都不愿意再去照镜子，总沮丧地恨不得钻到地缝里才好。到底是未长大的孩子，这些让她总是莫名自责，难免忍不住掉下泪水。好像泪水无时无刻侵蚀着她的生活，也不知怎么就这么多愁哩！森严的规矩束缚住这群孩子，唯一倍感欣慰的就是周末归家了。然而这便是刺痛庐隐的第二条严厉规矩了。

学校规定学生要全体住校，除了星期六例假外，不许外出，有特殊情况是需要家长盖章的证明书才得以通融，星期日下午五点以前必须归校，若是迟到，作为责罚，下周就不准回家。原本童年缺乏母爱的庐隐对家庭是没有多少期待的，但是自从她考上了师范学校，母亲对待她的态度比平常好了很多，家里人的态度也跟着平和了些，再加上学校的压力着实比较大，家这个避风港湾也渐渐让庐隐也有所依赖。何况母亲和女儿之间，纵是再多不快，到底也是一家人，血脉相连，哪有什么真正的仇恨，缓和起来还是比较容易的。

没有被赦免高棚头之前，庐隐唯一的反抗便是每星期六回家之前，从学监处领完回家的通知书，偷偷地走到门房藏起来，先把那高棚头拆的一点踪影也没有，梳成两条发辫，高兴地走出学校，雇车回家，她真是不愿顶着那令人耻笑的头型走在街上被人指指点点。回到家的庐隐就像那初出牢笼的鸟儿一样兴奋，时间总是那么珍贵，不经意间就流逝而去，一转眼就是星期日，到了下午是必定要回家的。每次吃过周日的午饭，她就总觉坐立难安，紧张地不知所措，恐是被学校那森严的规矩吓怕了。她的内心甚至幻想着自己生一场大病，如此借故不去上学，再从家里多呆上几天。这样天真的想法诚然是一次也未实现的，明明是自己的选择，却也是觉得厌烦。待到时间差不多，她也只好乖乖辞别母亲，再次回到那严肃森严的学校，偷偷地将那高棚头梳好，悻悻地去交通知书。果然青春也不是肆意妄为的，总有那么一丝惆怅，这便是青春的真谛啊！

第二节　年少轻狂六君子

　　学校虽然用各项森严规矩管理学生，同学们仍然免不了偷偷摸摸闯祸，似乎唯有这样才能在沉闷的生活中张扬他们宝贵的个性。而闯祸可能是他们最为自由的时刻，那一刻的空前欢喜是之后受到怎样惩罚都无法阻止的。

　　那时候的庐隐有五个朋友，年龄均是相差无几，相处的分外融洽。有一天读历史，听先生讲到明季的"六君子"和"十三太保"，便心血来潮地向同级的同学建议组成党派，当时班内有十三个同学特别要好，就要她们作为"十三太保"，而庐隐和另外五位亲密的朋友打算自称"六君子"。下了课，六个人躲到个私密的地方商议，按照出生年月计算，排出辈分，从此校园里的捣乱分子"六君子"就此开始了她们轰轰烈烈的故事。她们一开始也不过是几个人玩闹随便称呼的，哪知太过轰轰烈烈，逐渐变成在全校都鼎鼎大名的"六君子"。

"十三太保"那群人是比较守规矩且学习非常用功的，这正好与顽皮的"六君子"相反，性情不一样，自然彼此都是看不顺眼，两拨人经常为一件事起冲突，争辩的起劲儿。奈何正经的如何能敌得过要赖泼皮的，自是那"六君子"常常占上风。尤其是在那群人认真读书准备考试的时候，这"六君子"势必要出现打扰一二，闹得顽劣了，还能将"十三太保"里的人惹哭几个。当然"六君子"也是要考试的，其实她们的成绩只勉强过得去，要是认真学一学，能达到中上等成绩的。为了与对方较出个高下，有次六个人为了应付考试决定挑灯夜读，可学校规定在十点钟就要断电了，于是她们就想出一个办法，找来三只盛放饼干的筒子，在里面点上一根蜡烛，勉强看书用，用被子围得严严实实的，不透出一丝光亮，以躲避舍监的检查。就这样，六个人奋战了一夜，第二天满怀信心的去参加考试。待到发榜的日子，六个人忐忑地跑去仔细查看，竟然意外的考得不错，几乎都在中上的位置。反观"十三太保"，虽然平日里认真读书，却还有几个人不及她们，这令平时都不怎么复习的她们倍感骄傲。从那之后，"六君子"的气焰就更加嚣张，总要在"十三太保"认真复习的时候出来捣乱一番、讥笑一番。若说两拨人是这样竞争的关系，可说到底都是同学，同学之间的相处之道即是如此，打打闹闹中也就愈发亲近了。整个班级的学习气氛反而因为她们的竞争变得高涨起来，大家都无一例外地在学习上有了或多或少的进步。

也是因着年龄小，不懂事，再加上学校里各种规矩的压力，她们唯有通过这样的方法才能发泄心头的积闷。"六君子"这个小团体今日折腾这个，明日折腾那个，渐渐的，名声就传了出去，倒不是因为什么好事，反倒是因为她们总是捉弄别人而闻名。一旦有机会，总要去耍闹一番。有时在路上遇到同学，因为他们有一些奇怪的举动，六个人就要对人家嘲笑不止，而且是张扬着让所有人都知道，直到对方羞愤而去，她们才肯停下。久而久之，同学们见了"六君子"就顿感头疼，恨不得绕道走开，几个小姑娘倒成为众人眼中不敢惹的风云人物了。出奇的是，"六君子"的风生水起，让这个规矩森严、气氛沉闷的学校有了生气，她们无时无刻的笑声传到了校园的每一个角落，不管旁人眼光如何，她们自己不怒也不气，就只有笑，嘻嘻哈哈笑个不停，就连先生们也拿她们没有办法，每每训斥起来，几个人反倒笑嘻嘻地问是否笑一笑也算是破坏了校规，先生们只得作罢。慢慢的，同学们虽然对她们头疼，可也晓得几个孩子年级小，只是爱玩闹罢了，也就不同她们计较，有的同学甚至还有点喜欢这"六君子"。

中学的一二年级就在这欢声笑语中度过，"六君子"一直那么活泼开朗，任着性子去捉弄别人，在庐隐看来，这简直就是她最爱的年岁，不仅是欢喜过最美好的年华，更是欢喜生活里前所未有的快意，她总希望时间过得慢点、再慢点，不愿意将这来之不易的美好打破。奈何天不从人愿，这样快乐的日子也是有尽头的。庐隐十六岁那一年，也是"六君子"成立的第三年，中学的三年级，几个人之间发生了一些不快的事情，尤其是庐隐，怀着一颗赤子之心的她第一次感受到人心的复杂。

　　进入中学三年级，庐隐认识的人更多了，这个时候认识了一位新同学王岫岚，从此她的生活改变了，经历了在成长过程里于大多数人都要经历的伤害与背叛。

　　王岫岚这个女子身材高挑，两颊饱满，笑起来那肉似乎都横在脸上，微微有些狰狞。庐隐自是不在意这些的，在她的处事哲学上，认为既然合得来那就是可以交往的。那个时候年纪又小，之前几乎没有出过家门，即便是在慕贞学院里也没有这种平等交往的经历的，这些都让庐隐似乎不太擅长去分辨好人与坏人。而她本性单纯厚道，更不会去把人想坏，相当的天真和稚嫩，与王岫岚成为朋友，竟将小人引至身边，可她一直是浑然不觉的。"六君子"里的其他人都比庐隐年岁稍长，更有经验些，都晓得那人其实别有用心，私下里同庐隐婉转提起，奈何庐隐的执拗脾气上来，既然认定是朋友断不会翻脸，也就不管那些闲言碎语。她一心认为对方愿意与她好，那她也要好好对待的。久劝无果，"五君子"渐渐和庐隐的关系都淡了下去，甚至到了后来还一起窃窃议论起她，偶尔也会闹个脾气，竟然还冷言相待，严重了也会骂几句，这些让庐隐感觉莫名其妙，也觉得有些伤心失望。

后来庐隐收到一封神秘的信，寄信人署名王汉生，可是她根本就没听说这个人，更不要说见过了，这样一个素不相识的男子的来信里，写着许多难以入眼的情话，信尾还约她在先农坛的树林里相见。庐隐吓坏了，和王岫岚说起这件事，哪知听说这是她的亲戚，说是对庐隐有仰慕之情，便把地址给了其人，反正交个朋友也是无妨。这下庐隐彻底吓昏了，那个时代，女学生与男子交朋友是非常严肃的问题，若是学校知道了，定是要开除的，家里对这种事也是极为反感，唯恐两个人之间做了什么见不得人的事。庐隐终于意识到问题的严重性，周六回家之后，哭哭啼啼把信给哥哥们看了，哥哥们倒不疑有他，随后同母亲坦白，母亲亦是信任她的，事情总算是揭过不提。

　　经过这一次，庐隐隐约感觉王岫岚确实不可靠，似乎不是好人，不敢像以前那样亲近了。后来王岫岚总是约她去家里玩，好几次之后，庐隐决定去探个究竟，将事情弄个明白。到了周末，她来到王岫岚的家里，一看竟是家徒四壁，不似平常提及的模样，心中犹疑半天，提议告辞回家。王岫岚自是不答应的，又将她拉拉扯扯到干妈家小坐，只见那房子比起王家好多了。走进屋内，便迎面走来一位风姿绰约的中年妇人，小坐片刻，只见里屋还有一群年轻女子，打扮得不三不四，身份可疑。庐隐虽然年龄小，心里也是觉得有些异样，不禁有些惧怕，总觉得那屋里的一切都不妥当，于是赶忙找了借口，匆匆告辞离开。

　　自从这天之后，班上的同学对于庐隐的态度更差劲了，她不晓得自己做错了什么，独自躲在寝室里哭，暗暗立誓再不同王岫岚往来，自从认识了这个人，生活就发生了天翻地覆的变化，她是多么后悔当初没有听同学的话而自酿苦果。过了几天，"五君子"中的一位同学见她着实可怜，便偷偷找她出去，告诉她原来王岫岚的干妈不是什么正经人，王岫岚甚至造谣说庐隐要与她的亲戚结婚……正因此，班上的同学才会疏远她的。庐隐一听，才如梦初醒般明白自己现在的处境，幡然醒悟王岫岚这个人是那么坏。想到自己那么愚蠢地错信一个人，还被这个人使坏背叛，周遭的人全都误解自己，她是多么伤心，出生以来第一次有了这样的经历，第一次看清人心的复杂之处，她经受不住委屈，嚎啕大哭。之后她同众人解释了其中的原委，"五君子"才知道她被冤枉了，几个人终于和好了，当然她是再也不原谅和理会王岫岚了，这件事才算平息过去。期末的时候，传来了王岫岚被开除的消息，也算是她自食其果的下场。

纵使一切回归平静，生活回到以前的状态，"六君子"也再次朝夕相对，可总归是有些变化的。庐隐那颗天真的赤子之心说到底是受到了伤害，不免有了一些阴影，她不像从前那么爱笑了，看上去似乎是有心事的模样。也许这就是成长，脱去稚嫩的面庞，而怀了少女般的心事，青春就是一场抽穗拔节的痛苦过程，有欢乐，也有代价。

第四节　红袖添香好读书

　　在那青春大梦里有所成长的庐隐，终于不再像过去那样爱玩闹了，她添了一分娴静，终于有了一点独属于女子的气质。她逐渐发现了看书的乐趣，也成为了一位爱书的女子。每日总是匆忙应付完功课，兴致冲冲地将其余时间打发在看小说上，应该说正是从这时候起，她培养起有关于文学的兴趣，这深深影响了她日后的作为。中学的功课不是太紧，她还算是有大把时间看书的，因而这期间看。她把最出名的那些古典小说全找了来，之后就是当时的林译小说，几乎全让她搜罗来，一一观赏，真是将这天下的小说差不多都读到了，也因此她在同学之间得了个"小说迷"的绰号。

隐去庐山自从容

　　说起林译小说，庐隐可谓是相当痴迷的。这林译小说其实是清末民初著名翻译家林纾先生翻译的一系列西洋小说，在当时那个时代，林先生以极好的古文修养，辅以娴熟的表达技巧和流畅的文笔，翻译出来的西洋小说受到很多人的追捧，庐隐也不例外。有一次，她偶然从同学那里借到全部的林译小说，她欣喜若狂恨不得一时就看完，可是每天要上课，没法专心看小说。后来她灵机一动，想到了装病的法子。她找到学监，皱着眉头弯腰捂着肚子，细若蚊声地说自己肚子疼，学监见此就让她去寝室休息。平时上课的时间段里，寝室理应是锁门的，除非生病之类的特殊情况，不允许在上课时间去寝室。庐隐假装生病回到寝室，往怀里揣上两三本小说，美滋滋地躺在床上看小说。然而美中不足的就是病号饭了，学校一贯的特供病号饭只有一些稀粥和咸菜，没病的人自然难以下咽，可为了那些小说，庐隐只得忍过。就这样她自以为聪明地连着装病好几次，大约是总用一个借口令学监生疑，在第四次装病的时候，这个惊天大秘密被学监发现，还被记过处分，令她垂头丧气万分沮丧。庐隐不曾停下对小说的痴迷，从点滴文字中窥探着未知事物，汲取着那为之欲狂的万千奇事，她并不事曾想过这些竟引发了一段不解之缘。

　　那时母亲和姨母住在一起，随着庐隐长大，她与这位姨母的关系也有所改善。姨母有一个亲戚家的儿子，名叫林鸿俊，在日本念书，后来他父亲患了重病，便让他回来，哪知刚刚侍候不久，其父便作古了。因此他也再不回日本念书，打算在北京找些事情做，来投奔了姨母。这期间两人见了几面，聊过几句，庐隐将他同身边的少爷表哥对比，觉得他讨人喜欢多了，谦卑，不张扬，竟觉得与他相当的亲近。林鸿俊几番打听，知晓了庐隐是欢喜小说的，便把徐枕亚的《玉梨魂》借给了庐隐。书里描写的是一位多情却红颜薄命的女郎的遭遇，故事甚是悲戚，庐隐没少淌泪，可能情至深处也不曾注意滴落在书上的眼泪，后来那书上很多的地方都有了斑斑泪痕。待书还了回去，被林鸿俊觉察了，后来向庐隐的妹妹几番打听，妹妹只得承认庐隐是哭过多次的，颇为动容。林鸿俊听过，许是觉得庐隐是个性情中人，善解人意且心地柔软遂写了封信来，委婉地诉说着他的身世遭遇，大致是他是个有志青年，奈何幼年丧母，后跟着父亲过着寂寞的生活，现下连父亲也去了，他一个人孤苦伶仃万分伤感，再也没法供给学费等伤心之事……那懵懂的

隐去庐山自从容

庐隐权当是看小说般心生怜悯，还感同身受地流了不少眼泪，也回信过去安慰一二。这一番下来，二人也渐渐熟悉了起来，过了一段日子也亲密了些。然而她未曾想过原来林君是倾心于她的，可她年龄尚轻，不曾想到结婚的问题。且庐隐当时对结婚是相当厌恶与恐惧的，这个年岁还没有到社会上去体会过，如何就要说到结婚呢。可是林君自作主张地请人同母亲说媒，母亲自然觉得他不曾受到良好的教育，便拒绝了。这其实是正合庐隐之意，她也未曾生出结婚的念头。哪知林鸿俊又写了一封信来诉说他的遗憾，庐隐也得知了母亲拒绝他的经过，当下不免一腔义愤，觉得母亲有些太小看人，哪能一言就妄断别人的未来呢。天真的庐隐竟因为这义气冲动地给母亲写了一封信，表明愿意嫁给他，无论未来如何，也甘愿承受。母亲为此还气愤了许久，可深知女儿的执拗脾气，只得由着庐隐去了，但提出一个条件，且等到他继续念到大学毕业，否则不允许举办婚礼，林鸿俊自是欣喜的，便接受了条件。两个人为了求学经费也是绞尽脑汁，后来家中的亲戚听说了这事，不由得生了恻隐之心，拿出两千块钱来资助他们，终于他们顺利订婚了。

但出于义气的感情又能经得住多少岁月洗礼呢，再说庐隐不过是刚刚开始她的人生，变数太多太多，这段感情当真会知如愿幸福吗……当然这些都是后话了。

一年后，庐隐轰轰烈烈的中学生活完美落幕了，毕业那年她仅有十八岁，那时还未有女子大学，一般的大学也不开放女禁，所以适合庐隐的出路很少，她便赋闲在家。哥哥已经到国外念书了，家中父亲留下的那笔钱已经动了不少，母亲其实是希望庐隐能够挣钱为家里减轻些负担的。她就在人生的十字路口徘徊着，一面赋闲在家，一面想着出路。

第五节 作为教员的第一次

母亲见庐隐似乎也不着急出去谋个营生，便自助主张地同家中的表哥们一起想办法，走动一些关系，打算让庐隐去当地的女子中学当教员。按理说像她这么个中学毕业的，年仅十八岁的女子，似乎是不大合适，更何况她那时国文水平仅仅一般，英文水平就更不要说，简直是浅陋的很，所以当她得知这一消息，第一反应竟是觉得可笑，觉得自己不能胜任。奈何母命难违，她还是同意了，只是从内心里是怎么想都觉得自己是不够格的，不禁担心起来。

校长亦是个明白人，对庐隐并不是完全信任，只是派她当体操教员，兼教一些家事园艺，这好歹是让她松了一口气。对于体操，她其实也是不太在行的，幸好中学的时候学校有教过一些，耍耍棍棒、举举哑铃的似乎还不是什么难事。她打算先苦练一番，也差不多是能应付来的。至于家事园艺，才是她最为担忧的，虽然早早就家道中落，但是从前和舅父家都有下人婢女，也不用事必躬亲，因而对家事园艺完全一窍不通，可就是装样子也要去的。

在家练了几天就是正式上任的时候了，怀着忐忑的心情，她开始第一次的教员生活。体操课上，她煞有介事地喊着"稍息"、"立定"，然后教一些哑铃操，再指导一下跳远之类的田径运动，总之还算是能混过去的。可她内心里多半是心虚，为了证明自己，她硬着头皮向校长提议举办一届春季运动会，得到了校长的支持。平日的课上，她就指导同学们各项运动的技巧，课下就琢磨着编排舞蹈，她将京剧里的身段姿态与西方的舞步结合在一起，又寻来一些道具，差不多编成了一个舞蹈，指导那些女生练过，运动会的事宜就算是成了一半。最终举办那天还算是顺利蒙混过关，虽然有些滑稽，可校长还是满意的。

一切终于走上了正轨，好不容易长吁一口气，教员的这个职业按理来说应该是顺风顺水了，哪知庐隐的园艺课却出了纰漏，有学生举报说她上课念书竟然念成别字，而教导的园艺更是一塌糊涂。这下庐隐又开始提心吊胆了，生怕校长过来训话，她本来也不擅长教授园艺课，着实心虚的紧，想着这样下去也不是长久之计，以后肯定还有更大的乱子等着呢，干脆自己主动去辞了职。

冲动的决定并不能解决问题，庐隐并不知该如何对母亲交待，正在为难之际，她的朋友来了一封信。原来朋友在安庆的一所小学做校长，邀她前去帮忙，庐隐赶忙应了。待到一切都准备好，她才归家与母亲辞行，并说明了个中的缘由。母亲自然是明白她的脾气，纵使失望，也只好由她，不失责备了几句。说到底母亲还是有几多不放心的，遣了表兄相送。当看着站台越来越远，庐隐的心也跟着飞了起来，这同以往的离家是全然不同的。好像这是她第一次感受到的完全自由，没有家中的困扰，更没有学校规矩的束缚，她像是那雏燕，终于展翅高飞。

进了安庆的小学，她依旧担任体操老师，兼任国文写字等学科。有了之前的经验，教课自然是得心应手，就连学生也对庐隐称赞有加，她愈发像一名合格的教师了。然而这个年纪的庐隐似乎是无法真正踏实下来的，仅仅做了半年时间，就觉得厌烦了。尽管同侪的老师觉得惋惜，她却毅然决定返回北京。她只不过是太过年轻，心浮气盛，不愿在一个地方待得太久。

自那之后庐隐再次赋闲家中，任凭母亲奚落，度过了一段闲适的时光，她不能一直靠家中接济，也受不了母亲的埋怨，只得再次忙起生计，这回发配到河南女师范当教员。不知是不是经历了安庆小学养成了习惯，在那里同样做了一学期，就因为学生太偏激而辞职了。

总归是混混沌沌的过日子，花开花落又一年，庐隐一边遗憾着，一边又期待着新生活。家中的姊妹都笑话她教书是"教书一学期"先生，她也不作争辩，就那么随意地一笑了之。虽然嘴上不说，可她的心里是沉闷的、厌烦的，这总让她怀念曾经当学生的日子，是多么快意哩！

1919年，北京女子师范学校升格为国立女子高等师范学校，开始招收中国公办教育史上第一届女大学生。这让惆怅了很久的庐隐看到了希望，母亲自是不愿她再念下去，也不肯再供给她学费了。思前想后，庐隐决定自己负担学费，二度南下安庆当起了教员，直到半年后才返回北京，这时候早已过了招考期限。庐隐几番到学校求情，在母校老师的通融之下，做起了旁听生，一学期后才转正为正式学生。几经周折，她终是再成为了学生，实现了她的梦想。她一如既往地执着于她内心的声音，在那个时候实属罕见的新式女学生。这也注定了她不平凡人生的开端，在以后的岁月里，她亦是时刻遵从着心中的渴望，不曾因他人而改变。也许这就是民国女人的风范，这就是佳人庐隐。

第三章 从此过往皆成空

再度踏入校园，庐隐渴求着的愿望终于成真。年华无情，亦是最为珍贵的礼物，庐隐学会了珍惜，更学会了遗忘。她不再执着于过去那苦痛的岁月，享受着一切令人着迷的新生活。

只是每一次的破茧总伴随着蚀骨的伤痛，如今的庐隐愈发出落成娴静坚强的女子，她不再懵懵懂懂，有了她自己的思想，更加坚定。站在青春落幕的舞台上，她回首过去，有惋惜，有留恋，可她不能停留，她要往更远的远方行去，只得对那曾深深眷怀的往昔说声再见，从此过往皆成空。

初进大学的庐隐，收起了倔强的脾气，不再像中学那般不知天高地厚。对于她而言，今次求学完全是出自内心的渴求，自然投入了她全部的精力。别的学科都还好，但是她以往的生活与学习经历使她在古典文学这方面有所欠缺，教课的老师偏又是一位旧学渊博、心中无数典故的老先生，这让庐隐每次在作文的时候都叫苦连天，只得暗自下功夫，就怕闹出一点笑话。说来也怪，可能是凭借着这股刻苦钻研的韧劲儿，每每提心吊胆却也将将够格。后来在一次作文中竟被老师夸赞心思别具一格，而那文章空白处大大一个"选"字昭示着这篇小文还要收入老师的文集之中。

　　虽然对于古典文学的造诣一般，但是庐隐对于新文

隐去庐山自从容

学的启蒙较早于她得益于在慕贞学院的学习经历，这让她接受起新知识的速度要比其他人更快。"五四"运动对大学的教育有着不可磨灭的变革力量，各种新学也相继兴起，市面上出版了许多相关的图书，同时在同学中间也引起了很多的讨论。庐隐自然而然地也投入到研究新学的事业中去，不仅阅读大量相关书籍，积极思考，萌发了许多新思想，在她的脑子里相互碰撞，亟待形成新的体系。

那个年代正值国难当头，在急峻的形势下，各校学生纷纷建立社团，或组织学生游行示威，或发表谴责文章，总之是好不热闹。闲不住的庐隐也奉献了大部分精力，作为学生会的干事，组织学生活动，后又加入福建同乡会，成为副主席，这些都让她更加迅速地接受新思想。不单单局限于国家出路与文化革新，她也渐渐地对于女性权利、婚姻等也产生新的认知。

就在庐隐享受着新生活之时，家中来信让庐隐回家，她很是不解，之前她执意上大学，母亲与家里几乎就没怎么再联系过她，而她自己亦是很少归家的，似乎难以找到合适的情绪去面对家中的责难。而此刻世道混乱，庐隐担心家中亲人，最终还是归家去了，到家才知道原来是林鸿俊想要进一步发展两个人的关系，打算结婚。庐隐乍一听说着实有些意外，学校的生活是那么丰富多彩，她自是无心婚姻的，思前想后，还是坦白告诉林君希望等大学毕业再说。林君虽然遗憾，也无可奈何，这样总算是先将婚事搁下，也算是稳住了林鸿俊。

从家里回到学校，庐隐又收到一封来自林君的信，信中大致委婉表达出迫切结婚的愿望，又说了近来的情况，打算做官云云。这不禁让她更是烦闷，她越来越觉得订婚有些仓促，没想到现在与林君的思想有了这么深的嫌隙，两人的路似乎也相去甚远，她对于两人的未来简直是陷入一片绝望。惆怅了几天，庐隐与志趣相投的同学聊起这件事，便把自己的忧愁都说出来，甚至表示想要解除婚约。那几个同学都还是单身，自然是不赞同她这般草率结婚，一片劝慰之后更是让庐隐坚信了解除婚姻的紧迫性。

这个决定是庐隐一生中的重大选择之一，也显现出她身上有的一股鲜明的自由精神。这次对于婚姻问题的思想变故更激发了她内心对于自由的追求，从此初步形成了她个人的人生观。她的胆子一向大，热爱一切令她着迷的事物，敢于突破常规，这也是她能在众多同时代

隐去庐山自从容

女性中脱颖而出的原因，正是这样的性格，出于对自我的深刻思考，才能有后来的那些闻名遐迩的作品，说到底那些作品就是她人格的写照。女师高的几年，庐隐学到了以往不曾接触的新知识，这些改变了她原来的认知，重新构造了人格，"五四"启蒙所赋予她的更是具有鲜明特色的时代灵魂——自由民主精神，深深影响了她的文学作品。在这里她认识了毕生的挚友石评梅，后来同为传奇人物，以及她的前后辈，那些在文坛上赫赫有名的人物——苏雪林、冯沅君等，女师高可谓是培养了一批受新文化思潮影响的女作家，几个人南北相隔，却又惺惺相惜，时常通信互联，这情分被后人提起亦是欣羡不已。

　　"五四"时期胡适提倡白话文运动，同时也在女师高任教，教授中国哲学史大纲一门课程，受到了同学们的追捧，庐隐亦是敬佩不已。哲学史的学习总让她思考关于宇宙的种种，生命的疑问，不同学派思想的撞击令她难抒胸意，总有一些话语梗在心头亟待爆发，渐渐萌生出写下来的冲动，只是不知从何写起。后来的课程涉及文学概论与文学史等，这又激发了她内心的种种蠢动，终于下定决心开始写小说。她难以确定题材，不知苦恼了几个夜晚，思来想去打算写一本自己为原型的小说。既有了决定，她每天窝在图书馆里独自用功，待到完成之后，自己细细读过，觉得并不如先前设想般行云流水，便搁置在一旁，但不管怎么说，她的写作生活正是从这时开始了。

可能每一个梦想过写作，亦或是醉心于写作的人都对第一次的作品印象深刻，都会对那无比稚嫩的文字感到羞愧，可那依旧是最珍贵的一次写作，因为所有的一切都是如此开始发生的，未来的一切可能都因此而改变。庐隐亦是如此，进入女师高就是她脱胎换骨的契机，她在这里与混乱的过去诀别，更在这里开始新的人生征途，她的名字前有了新的形容词——新文学代表的女作家。

第四章 隐去庐山的绚烂文学梦

　　庐隐之所以能在"五四"期间成为与冰心齐名的女作家，并在一干女作家中脱颖而出，在于她创作风格的独树一帜。庐隐乍一登上文坛，其文字就反映出一种女性在封建社会里的苦痛感，并敢于向传统的制度和观念进行挑战与抗争，有别于冰心作品中婉顺平和的格调，自然而然地传达出慷慨激昂的"革新"观念，是"五四"运动下觉醒的先锋女作家。茅盾先生曾在《庐隐论》中如此评价过庐隐："'五四'时期的作女做能够注重在革命性的社会题材的，不能不推庐隐是第一人。庐隐是'五四'的产儿，我们现在读庐隐的全部著作，就仿佛再呼吸着'五四'时期的空气……"这无疑是中肯而又评价甚高的，她的作品中总能看到属于她本人的影子，在众多矛盾中挣扎探索，力求为自己、为社会寻找出路，若非命途不测过早辞世，庐隐的创作应该会更加夺人眼眶。

　　扼腕叹息的同时，也似乎正是早年的经历赋予了她作品的灵魂魅力。人生的经历通常都会对一个作家产生难以计量的影响，像是同为女作家的冯沅君，因着生于书香门第、家庭氛围的熏陶和后天的经历使得她在古典文学创作与研究方面独树一帜。庐隐则不尽然，她一生命途多舛，幼年甚少得到父母的宠爱，过着颠沛流离的生活。这些不幸使她比其他人更懂得抗争的重要性，这就与"五四"精神不谋而合。成年之后的庐隐虽然有过一段浪漫的生活，可不幸也是接踵而至的：先是与郭梦良结合，过了几年幸福的日子，随后郭君患肺病离世；后又辗转与小她十来岁的诗人李唯建结合，可没想到几年后庐隐却难产而辞世。这两段婚姻可谓对她影响颇深，虽然相爱却不受世人的理解，可庐隐还是尽力抗争，这也可以看做是不合理的社会制度遗留下的社会问题。总而言之，先天的苦痛多难和后天的文化熏陶，种种不幸造就了她的性情，以及独特的创作风格，也促使她日后在文学作品上的高产。对她而言，写作也是她抗争的出路之一，就像她名字的深刻涵义——这是属于她的一场隐去庐山的绚烂文学梦。

或人的悲哀节选（一）

亲爱的朋友 KY：

　　我的病大约是没有希望治好了！前天你走后，我独自坐在窗前玫瑰花丛前面，那时太阳才下山，余辉还灿烂地射着我的眼睛，我心脏的跳跃很厉害，我不敢多想什么，只是注意那玫瑰花，妖艳的色彩，和清润的香气，这时风渐渐大了，于我的病体不能适宜，表姊在门口招呼我进去呢。

　　我到了屋里，仍旧坐在我天天坐着的那张软布椅上，

隐去庐山自从容

壁上的相片，一张张在我心幕上跳跃着，过去的一件一件事情，也涌到我洁白的心幕上来，唉！KY，已经过去的，是事情的形式，那深刻的，使人酸楚的味道，仍旧深深地印在我的脑海中，渗在我的血液里，回忆着便不免要饮泣！

第一次，使我忏悔的事情，就是我们在紫藤花架下，那几张石头椅子上坐着，你和心印谈人生究竟的问题，你那时很郑重地说："人生哪里有究竟！一切的事情，都不过像演戏一般，谁不是涂着粉墨，戴着假面具上场呢？……"后来你又说："梅生和昭仁他们一场定婚，又一场离婚的事情简直更是告诉我们说：人事是作戏，就是神圣的爱情，也是靠不住的，起初大家十分爱恋地定婚，后来大家又十分憎恶地离起婚来。一切的事情，都是靠不住的。"心印听了你的话，她便决绝地说："我们游戏人间吧！"我当时虽然没有开口，给你们一种明白的表示，但是我心里更决绝的，和心印一样，要从此游戏人间了！

从那天以后，我便完全改了我的态度；把从前冷静考虑的心思，都收起来，只一味地放荡着，——好像没有目的地的船，在海洋中飘泊，无论遇到怎么大的难事；

我总是任我那时情感的自然，喜怒笑骂都无忌惮了！

有一天晚上，我独自坐在冷清清的书房里，忽然张升送进一封信来，是叔和来的。他说：他现在很闷，要到我这里谈谈，问我有工夫没有？我那时毫不用考虑，就回了他一封说："我正冷清得苦，你来很好！"不久叔和真来了，我们随意的谈话，竟消磨了四点多钟的光阴；后来他走了，我心里忽然一动，我想今天晚上的事情，恐怕有些太欠考虑吧？……但是已经过去了！况且我是游戏人间呢！我转念到这里，也就安贴了。

谁知自从这一天以后，叔和便天天写信给我，起初不过谈些学术上的问题，我也不以为奇，有来必回，最后他忽然来了一封信说："我对于你实在是十三分的爱慕；现在我和吟雪的婚事，已经取消了，希望你不要使我失望！"

KY！别人不知道我的为人，你总该知道呵！我生平最恨见异思迁的人，况且吟雪和我也有一面之缘；总算是朋友，谁能作此种不可思议的事呢？当时我就写了一封信，痛痛地拒绝他了。但是他仍然纠缠不清，常常以自杀来威胁我，使我脆弱的心灵，受了非常的打击！每天里，寸肠九回，既恨人生多罪恶！又悔自家太孟浪！

隐去庐山自从容

唉！KY！我失眠的病，就因此而起了！现在更蔓延到心脏了！昨天医生用听筒听了听，他说很要小心，节虑少思，或者可望好，唉！KY！这种种色色的事情，怎能使我不思呢？

明天我打算搬到妇婴医院去，以后来信，就寄到那边第二层楼十五号房间；写得乏了！再谈吧！

你的朋友亚侠六月十日

KY 吾友：

　　我现在真要预备到日本去找我的哥哥，因为我自从病后便不耐幽居，听说蓬莱的风景佳绝，我去散散心，大约病更可以除根了。

　　我希望你明天能来，因为我打算后天早车到天津乘长沙丸东渡，在这里的朋友，除了你和心印以外，还有文生，明天我们四个人，在我家里畅叙一下吧！我这一走，大约总要半年才能回来呢！

　　你明天来的时候，请你把昨天我叫人送给你看的那封心印的信带了来；她那边有一个问题，——"名利的代价是什么？"我当时心里很烦，没有详细地回答她，打算明天见面时，我们四个人讨论一个结果出来，不过这个问题，又是和"人生究竟的问题"差不多，恐怕结果，又是悲的多，乐的少，唉！何苦呵！我们这些人，总是不能安于现在，求究竟，——这于人类的思想，固然有进步，但是精神消磨得未免太多了！……但望明天的讨论可以得到意外的完满就好了！

　　我现在屋子里乱得不成样子，箱子里的东西乱七八糟堆了一床，我理得实在心烦，所以跑到外书房里来，给你们写信，使我的眼睛不看见，心就不烦了！说到这里，

隐去庐山自从容

我又想起一件事了。

KY！你记得前些日子，我们看见一个盲诗人的作品，他说："中午的太阳，把世界和世界的一切惊异，指示给人们，但是夜，却把宇宙无数的星，无际限的空间，——全生活，广大和惊异指示给人们。白昼指示给人们的，不过是人的世界，黑暗和污秽。夜却能把无限的宇宙指示给人们，那里有美丽的女神，唱着甜美的歌，温美的云，织成洁白的地毡，星儿和月儿，围随着低低地唱，轻轻的舞。"这些美丽的东西，岂是我们眼睛所领略得到的呢？KY，我宁愿作一个瞎子呢！倘若我真是个瞎子，那些可厌的杂乱的东西，再不会到我心幕上来了。但是不幸！我实在不是个瞎子，我免不了要看世界上种种的罪恶的痕迹了！

任笔写来，不知说些什么，好了！别的话留着明天面谈的！

亚侠九月二日

KY 呵！

丝丝的细雨敲着窗子，密密的黑云罩着天空，澎湃的波涛震动着船身；海天辽阔，四顾苍茫，我已经在海里过了一夜，这时正是开船的第二天早晨。

前夜，那所灰色墙的精致小房子里的四个人，握着手谈着天，何等的快乐？现在我是离你们，一秒比一秒远了！唉！为什么别离竟这样苦呵！

我记得：分别的那一天晚上，心印指着那迢迢的碧水说："人生和水一样的流动，岁月和水一样的飞逝；水流过去了，不能再回来！岁月跑过去了，也不能再回来！希望亚侠不要和碧水时光一样。早去早回呵。"KY，这话真使我感动，我禁不住哭了！

你们送我上船，听见汽笛呜咽悲鸣着，你们便不忍再看我，忍着泪，急急转过头走去了！我呢？怔立在甲板上；不住的对你们望，你们以为我看不见你们了，用手帕拭泪；偷眼往我这边看，咳！KY，这不过是小别，便这样难堪！以后的事情，可以设想吗？

"名利的代价是什么？"心印的答案：是"愁苦劳碌。"你却说："是人生生命的波动；若果没有这个波动，世界将呈一种不可思议的枯寂！"你们的话在我心里；

隐去庐山自从容

起伏不定的浪头，在我眼底；我是浮沉在这波动之上，我一生所得的代价，只是愁苦劳碌。唉！KY！我心彷徨得很呵！往哪条路上去呢？……我还是游戏人间吧！

今天没有什么风浪，船很平稳，下午雨渐渐住了，露出流丹般的彩霞，罩着炊烟般的软雾；前面孤岛隐约，仿佛一只水鸦伏在那里。海水是深碧的；浪花涌起，好像田田荷丛中窥入的睡莲。我坐在甲板上一张旧了的藤椅里，看海潮浩浩荡荡，翻腾奔掀，心里充满了惊惧的茫然无主的情绪，人生的真相，大约就是如此了。

再有三天，就可到神户；一星期后可到东京，到东京住什么地方，现在还没有定，不过你们的信，可寄到早稻田大学我哥哥那里好了。

我的失眠症，和心脏病，昨日夜里又有些发作，大约是因为劳碌太过的缘故，今夜风平浪静，当得一好睡！

现在已经黄昏了。海上的黄昏又是一番景象，海水被红日映成紫色，波浪被余辉射成银花，光华灿烂，你若是到了这里，大约又要喜欢得手舞足蹈了！晚饭的铃响了，我吃饭去。再谈！

亚侠九月五日

或人的悲哀节选（二）

KY 呵！

　　我现在不幸又病了！仍旧失眠，心脏跳动，和在京时候的程度差不多。前三天搬进松井医院。作客的人病了，除了哥哥的慰问外，还有谁来看视呢！况且我的病又是失眠，夜里睡不着，两只眼看见的，是桌子上的许多药瓶，药末的纸包，和那似睡非睡的电灯，灯上罩着深绿的罩子，——医生恐光线太强，于病体不适的缘故。——四围的空气，十分消沉，暗淡。耳朵所听见的，是那些病人无力的呻吟；凄切的呼唤，有时还夹着隐隐的哭声！

　　KY！我仿佛已经明白死是什么了！我回想在北京妇

婴医院的时候看护妇刘女士告诉我的话了；她说："生的时候，作了好事，死后便可以到上帝的面前，那里是永久的乐园，没有一个人脸上有愁容，也没有一个人掉眼泪！" KY！我并不是信宗教的人，但是我在精神彷徨无着处的时候，我不能不寻出信仰的对象来；所以我健全的时候，我只在人间寻道路；我病痛的时候便要在人间之外的世界，寻新境界了。

这几天，我一闭眼，便有一个美丽的花园，——意象所造成的花园，立在我面前，比较人间无论哪一处都美满得多；我现在只求死，好像死比生要乐得多呢！

人间实在是虚伪得可怕！孙成和继梓——也是在东京认识的，我哥哥的同学；他们两个为了我这个不相干的人，互相猜忌，互相倾轧。有一次，恰巧他们两人，不约而同时都到医院来看我，两个人见面之后，那种嫉妒仇视的样子，竟使我失惊！KY！我这时才恍然明白了！人类的利己心，是非常可怕的！并且他们要是欢喜什么东西，便要据那件东西为己有！

唉！我和他们两个，只是浅薄的友谊，哪里想到他们的贪心，如此厉害！竟要做成套子，把我束住呢？KY！我的志向你是知道的，我的人生观你是明白的，我对于我的生，是非常厌恶的！我对于世界，也是非常轻视的，不过我既生了，就不能不设法不虚此生！我对于人类，抽象的概念，是觉得可爱的，但对于每一个人，我终觉得是可厌的！他们天天送鲜花来，送糖果来，我因为人与人必有交际，对于他们的友谊，我不能不感谢他们！但是照现在看起来，他们对于我，不能说不是另有作用呵！

KY！你记得，前年夏天，我们在万牲园的那个池子旁边钓鱼，买了一块肉，那时你曾对我说："亚侠！做人也和做鱼一样，人对付人，也和对付鱼一样！我们要钓鱼，拿它甘心，我们不能不先用肉去引诱它，它要想吃肉，就不免要为我们所甘心了！"这话我现在想起来，实在佩服你的见识，我现在是被钓的鱼，他们是要抢着钓我的渔夫，KY！人与人交际不过如此呵！

心印昨天有信来，说她现在十分苦闷，知与情常常起剧烈的战争！知战胜了，便要沉于不得究竟的苦海，永劫难回！情战胜了，便要沉沦于情的苦海，也是永劫不回！她现在大有自杀的倾向。她这封信，使我感触很深！KY！我们四个人，除了文生尚有些勇气奋斗外，心印你我三个人，困顿得真苦呵！

隐去庐山自从容

　　我病中的思想分外多，我想了便要写出来，给你看，好像二十年来，茹苦含辛的生活，都可以在我给你的信里寻出来。

　　KY！奇怪得很！我自从六月间病后，我便觉得我这病是不能好的，所以我有一次和你说，希望你，把我从病时，给你的信，要特别留意保存起来。……但是死不死，现在我自己还不知道，随意说说，你不要因此悲伤吧！有工夫多来信，再谈。祝你快乐！

　　　　　　　　　　　　　　　　　亚侠十一月三日

KY：

　　读你昨天的来信，实在叫我不忍！你为了我前些日子的那封信，竟悲伤了几天！KY！我实在感激你！但是你也太想不开了！这世界不过是个寄旅，不只我要回去，便是你，心印，文生，——无论谁？迟早都是要回去的呵！我现在若果死了，不过太早一点。所以你对于我的话，十分痛心！那你何妨，想我现在是已经百岁的人，我便是死了，也是不可逃数的，那也就没什么可伤心了！

　　这地方实在不能久住了！这里的人，和我的隔膜更深，他们站在桥那边；我站在桥这边；要想握手是很难的，我现在决定回国了！

　　昨天医生来说：我的病很危险！若果不能摒除思虑，恐怕没有好的希望！我自己也这样想，所以我不能不即作归计了！我的姑妈，在杭州住，我打算到她家去，或

隐去庐山自从容

者能借天然的美景，疗治我的沉疴，我们见面，大约又要迟些日子了。

昨夜我因不能睡，医生不许我看书，我更加思前想后的睡不着，后来我把我的日记本，拿来偷读，当时我的感触，和回忆的热度，都非常厉害，我顾不得我的病了！我起来把笔作书，但是写来写去，都写不上三四个字，便写不下去了，因又放下笔，把日记本打开细读，读到三月十日，我给心印的信上面，有几首诗说：

我在世界上，
不过是浮在太空的行云！
一阵风便把我吹散了，
还用得着思前想后吗？
假若智慧之神不光顾我，
苦闷的眼泪
永远不会从我心里流出来呵！

这一首诗可以为我矛盾的心理写照；我一方说不想什么，一方却不能不想什么，我的眼泪便从此流不尽了！这种矛盾的心理，最近更厉害，一方面我希望病快好，一方面我又希望死，有时觉得死比什么都甜美！病得厉害的时候，我又惧怕死神果真来临！KY 呵，死活的谜，我始终猜不透！只有凭造物主的支配罢了！

我的行期，大约是三天以内，我在路上，或者还有信给你。

现在天气渐渐冷了。长途跋涉，诚知不宜，我哥哥也曾阻止我，留我到了春天再走，但是 KY！我心里的秘密，谁能知道呢？我当初到日本去，是要想寻光明的花园，结果只多看了些人类偏狭心理的怪现状！他们每逢谈到东亚和平的话，他们便要眉飞色舞地说：这是他们唯一的责任，也是他们唯一的权利！欧美人民是不容染指的。他们不用镜子，照他们魑魅的怪状，但我不幸都看在眼里，印在心头，我怎能不思虑？我的病如何不添重？我不立刻走，怎么过呢？

况且我的病，能好不能好，我自己毫无把握！我固然是厌恶人间，但是我活了二十余年，我究竟是个人，不能没有人类的感情，我还有母亲，我还有兄嫂，他们和我相处很久；我要走了，也应该和他们辞别，我所以等不到春天，就要赶回来了！

我到杭州住一个礼拜，就到上海去，若果那时病好了，

隐去庐山自从容

　　当到北京和你们一会。

　　我从五点钟，给你写信，现在天已大亮了！医生要来，我怕他责备我，就此搁笔吧！

亚侠十二

月二十五日

KY 亲爱的朋友：

在这一星期里，我接到你两封信，心印和文生各一封信，但是我病了，不能回你们！

唉！KY！我想不到，我已经不能回上海了！也不能到北京了！昨天我姑妈打电报；给我的家里，今天我母亲嫂嫂已经来了！她们见了我，只是掉眼泪，我的心也未尝不酸！但是奇怪得很！我的泪泉，不知在什么时候已经干枯了！

自从上礼拜起，我就知道我的病，是不能好了！我便把我一生的事情，从头回想一遍，拉杂写了下来！现在我已经四肢无力，头脑作痛，眼光四散，我不能写了！唉！

"我一生的事情，平常得很！没什么可记，但是我精神上起的变化，却十分剧烈；我幼年的时候，天真烂漫，不知痛苦。到了十六岁以后，我的智情都十分发达起来。

隐去庐山自从容

我中学卒业以后，我要到西洋去留学，因为种种的关系，做不到，我要投身作革命党，也被家庭阻止，这时我深尝苦痛的滋味！

但是这些磨折，尚不足以苦我！最不幸的，是接二连三，把我陷入感情的漩涡，使我欲拔不能！这时一方，又被知识苦缠着，要探求人生的究竟，花费了不知多少心血，也求不到答案！这时的心，彷徨到极点了！不免想到世界既是找不出究竟来，人间又有什么真的价值呢？努力奋斗，又有什么结果呢？并且人生除了死，没有更比较大的事情，我既不怕死，还有什么事不可做呢？……唉！这时的我，几乎深陷堕落之海了！……幸一方面，好强的心，很占势力，当我要想放纵性欲的时候；他在我头上，打了一棒，我不觉又惊醒了！不敢往这里走，但是究竟往什么地方去呢？我每天夜里，睡在床上，殚精竭虑地苦事搜求，然而没有结果！

我在极苦痛的时候，我便想自杀，然而我究竟没有勇气！我否认世界的一切；于是我便实行我游戏人间的主义，第一次就失败了！接二连三的，失败了五六次！唯逸因我而死！叔和因我而病！我何尝游戏人间？只被人间游戏了我！……自身的究竟，既不可得，茫茫前途，如何不生悲凄之感！

　　唉！天乎！不可治的失眠病，从此发生！心脏病，从此种根！颠顿了将及一年，现在将要收束了！

　　今夜他们都睡了。更深人静，万感丛集！——虽没死的勇气，然而心头如火煎逼！头脑如刀劈、剑裂！我纵不欲死，病魔亦将缠我至于死呵！死神还不降临我？实在等不得了！这时我努力爬下床来，抖战的两腿，使我自己惊异！这时窗子外面，射进一缕寒光来，湖面上银花闪烁，我晓得那湖底下朱红色的珊瑚床，已为我预备好了！云母石的枕头；碧绿青苔泥的被褥，件件都整理了！……我回去吧！唉！亲爱的母亲！嫂嫂！KY……再见吧！”

　　……

　　我表姊，昨夜不知什么时候，跳在湖心死了！她所写的信，和她自己的最后的一页日记，都放在枕边。唉！湖水森寒，从此人天路隔！KY！姊呵！我表姊临命的时候，瘦弱可怜的影子，永远深深刻在我脑幕上，今天晚上，我走到她住的屋子里去，但见雪白的被单上，溅着几滴鲜红的血迹，哪有我表姊的影子呢？我禁不住坐在她往日常坐的那张椅子上，痛哭了！

隐去庐山自从容

　　她的尸首，始终没有捞到，大约是沉在湖底，或者已随流流到海里去了。

　　她所有的东西，都收拾好，交给我舅母带回去，有一本小书，——《生之谜》，上面写着留给你作纪念品的，我现在邮寄给你，望你好好保存了吧!

亚侠的表妹附书一月九日

（原载于 1922 年《小说月报》第 13 卷第 12 号）

庐隐曾经说过："我是一个心里藏不下丝毫渣滓的人。"也许正是因为这样的性格，她笔下的人物都有着极致的情感，并且绝不丝毫妥协。庐隐的文字总是蕴藏着抑郁难平的心情，那挥之不去的凝重情绪一直扰人心头。《或人的悲哀》这部作品更是将这种气氛推向了前所未有的苦涩境地，情绪随着亚侠的一言一语而备受煎熬。庐隐写亚侠，或许也在写着她自己。写作有时是为了情感宣泄，现实里的苦闷也随着治愈。亚侠的病痛似乎映射出幼年时同病相怜的庐隐，她也曾走在生死线边缘，也曾迷茫着不知何去何从。当她夜里伏案写作，写着自己的、亚侠的故事，何尝不会感慨着，人间的一切苦难化成一句，无非是"或人的悲哀"。

庐隐写作有其偏好，喜用书信、日记来直接露人物情怀，着重描写对话以及人物情感，这些都让她的作品更加生动、详实，更容易引起人情感上的共鸣。二十世纪二三十年代是文坛史上的奇迹，没有一个时代能像当年那般起到承上启下的作用。更为难得的是，这个时代的作家们的文笔实令后人赞叹不已。他们的时代里没有电视，没有网络，唯一的联系方式便是通信。每一次收信、看信、写信恐怕都心潮澎湃，极具新鲜感。想必庐隐亦是热爱写信的，生活中也一定是与友人不辍联系，因此她极看重书信的地位。书信在她的作品中屡见不鲜，成为其中的主角，亦或是配角，总归是有用的存在。她的故事总是夹杂着一封书信，或几封书信，用这样的方式去诉说全部情怀。《或人的悲哀》全文都是以书信模式去完成的，亚侠与 KY 的九封书信，道尽她一生心酸的生命悲剧，而故事的最终却以亚侠的沉湖自尽结尾。

　　第一封信，寥寥千字，女主人公亚侠的性情就已跃然纸上。对于生活，亚侠有着积极的态度，她的生活态度是赤诚的，奈何身体带给她的是另一番情景。心脏病所带来的致命性一直在影响着她，对未来的生活有着期待的同时又担惊受怕，这样的心情使得她对"人生的究竟"这样的哲学问题甚是关怀。也许想明白这些问题，才能治愈她精神上的病痛。一个女子，倍受着病痛的折磨，她空有一颗高洁之心，可性格上却异常胆怯，她向往着刚强勇敢，只是难于踏出那一步。传统如她，当朋友们放纵之时，她终于受到了蛊惑，打破自己的防线，也开始"游戏人间"。可往往放纵后才是真正的寂寞，这无尽的悔恨随之向她袭来，加之天性敏感脆弱，内心禁锢在这种悔恨中无法自拔。长久的郁闷之后，耐不住这人生的寂寥，又免不了一番放纵，罪恶一次次占据了她纯洁的内心，如此循环，导致她最后的人生悲剧。正是一番轮回，都回归正轨，开始于第一封信，终结于最后一封信，人生不过尔尔，所有的一切似是早已注定。

第二封信，这个时候的亚侠已经住进了妇婴医院。这封信里花了大部分笔墨描述宗教对于亚侠的影响，这与早期庐隐的经历又有重叠之处。慕贞学院里的庐隐受了很多苦，家庭的排挤、做人的凄苦、学校里备受欺负，这些都让她非常痛苦，当时校长曾拉着她入教，因缘际会反而得到了一丝内心的救赎。同样的，亚侠也是因着宗教的慰藉获得了内心里的一些满足与安宁。这种精神上的洗礼，令她难得地有了一些积极愉悦的心情，连带着笔下的文字也有了波澜，正是花开一季正灿烂。

第三封信，宗教的精神洗礼并不能解决实质性的问题，亚侠再次陷入了迷茫，终日卧病在床，病情的反复显然使她更加痛苦，来自身体和精神的双重折磨正在日复一日地侵蚀她的内心。她再也不能忍受这样的日子，没有朋友，没有未来，就连走出病房都似乎是那么难，她没有地方倾诉，仅仅靠着一封封书信度日，终日萎靡不振，晴天里也感受不到丝毫的温暖。百般挣扎之后，她决定远赴东瀛，虽然对这故土有着难以割舍的情怀，可对即将踏上的行程又满怀着期许，也许新的生活能帮她解惑——心中一直在思考着的关于"名利的代价"的问题。又怎能断言这样的问题就不是庐隐内心的疑问呢。

　　第四封信，远方还不曾到达，海上的漂泊似乎远没有尽头。起起伏伏的不仅仅是海浪，还有亚侠的一颗荒凉的七上八下的心。这一场流浪的代价是离别的愁、思念的苦，还有那一丝丝神往。这封信回答了何谓"名利的代价"，既是亚侠的答案，亦是庐隐的答案。这代价是"愁苦劳碌"，似这流浪，也是一场劳碌，这是"生命的波动"，有了它生命才有了活力，若非无它，"世界将呈一种不可思议的枯寂、游戏人间"。绕来绕去，答案的结局又落到了这么一个悲苦的下场，可未曾不是一种出世的态度。既是想清了，亚侠又觉些许愉悦了。

　　第五封信，亚侠终于到达了东京，开始了新的生活。但是这里的生活并非像她心中想的那样，现实是残酷的，信中难掩她的失望之情。亚侠与社会主义者的谈话成了这封信的主调，不难看出亚侠实则是一个不大有自己主见的人，性格也不算是坚定，总是在迷茫里一次次找出路，然而一次次改变着，到最后可能也找不到结果，正是这样的性格，使得她更容易迷失自我，酿成苦果。

第六封信，亚侠不幸又病了，再次住进了医院。病在异国他乡，亚侠简直是愁上更愁，然而这样的愁苦似乎还不够。病房里的两位不速之客更让她看到人心的丑陋，她更加厌倦这样的生活。亚侠是个单纯善良的女子，向往的自是简单自然的生活，对这些怀着私心与他人交往的人自是厌恶至极的。病中思虑多，她钻了自己的牛角尖，加上心脏病的折磨，心有千千结的她一时之间是难以释怀的，渐渐地又生出悲观的情绪，厌世之心似乎将她引至另一种极端，不再对生抱有希望，反而是希望生命就此终结了。

第七封信，亚侠花了一夜时间诉说她的情怀，她已经决定归来。面对病情的愈加严重，她深深地绝望，信中的一言一语都似是心头滴下的血，字字读来都在宣泄着她的悲伤。这一场流浪里，亚侠看到了这个变幻莫测的世界，也看透了这世间万事，她找不到属于自己的位置，即便是感动于那些有志青年的奋斗，她也再振作不起来。

出世的念头似乎总在字里行间里隐藏着，可她思念着故国，想念着故人，这些是她断不开、化不去的尘缘，她渴望着、急切地想要再次见到他们。若非如此，或许她早已将生死置之度外。于是她决意归程，不再耽搁。

第八封信，物是人非，谁把流年偷换，幼年的青梅竹马竟早已十分生疏，剑楚的态度让亚侠感叹世事无常，唯逸的死进一步刺激了她。原来生命是这样脆弱，不提情义与否，这样一位有志青年为了自己而死，亚侠心中悲痛万分。接二连三的打击，亚侠似乎被最后一根鸿毛压垮了，她的病情愈发恶化，心中的凄苦已经打压的她无法苟活于世。

第九封信，终解这生之谜，亚侠走入了最后的困境，决绝地沉湖自尽，竟连尸首也难寻觅。就像第一封信写的"游戏人间"，也许亚侠早已把生命看做了一场游戏，就连落幕也是意料外的干脆。这样的一个女子，她敏感脆弱、疾病缠身，她迷茫困惑、多疑多虑，也许这样的结局早已注定。再热闹的人生也逃不过离散，只能说生不逢时，来生再见。附在最后的一段话出自亚侠表妹之手，也许那本《生之谜》是她的，是亚侠的，是庐隐的，是那个时代的新青年们的，是一代人的迷惑，更是一代人所寻找的出路。

《或人的悲哀》写于 1924 年"五四"运动落潮时期，这个时期的新青年们已经开始觉醒，决心学有所用，用自己的力量拯救国家于水火之中，然而"五四"运动并没有带来料想中的的结果，他们表现出了前所未有的迷茫、困惑，并试图冲破这些阻碍找寻一条出路。庐隐完整地经历了这个历史进程，因而对"五四"运动的产生、发展、消亡过程有着自己独特的见解，她已经意识到新青年们普遍存在的这种迷茫情绪，也能体会渴望找寻出路的心情，尤其其中不乏一些新女性的抗争，因而通过这篇作品来展现"五四"期间女性寻找出路的复杂心理与情绪。

亚侠就是"五四"期间众多迷茫女性中的一个典型。一个人活着，离不开物质与精神，物质世界的满足之下，才有更多的可能发展精神世界。像是亚侠，可以看出既是有心脏病，还可以随时住院、东赴日本，可见她的物质生活水平至少是属于中等偏上的。再从人物设定来看，亚侠应该是小有学问的女子，因而能够思考"人生究竟"的问题。

这样一个女子，在匆忙的生命最后选择了一条不归之路，看上去似乎稍显突兀，实则又是在情理之中。可想过一个平凡的女子也会时常对生活中的一些困境而伤神，要花上一番力气从牛角尖里走出来。更不要提亚侠这样接受过教育的女知识分子，生来被心脏病的病痛折磨着，经历过的感受过的也比平常人要多的多，就连遭遇的煎熬都比别人多十倍、百倍，在面对人生这个问题的时候，思考问题更加深刻。

正是因为这样的性情，在每一次与自己的对话里、在每一次与命运的抗争里，很容易走上极端，深陷绝境里无力自拔，这就在情理之中了。她这样的经历，也符合新青年的心路历程，曾经积极探索未来的梦想，却最终被人生的车轮碾过，走入迷茫的歧途，苦苦寻找出路。亚侠曾经也积极治疗，希望能挽救自己的生命，继续与好友把酒言欢、畅谈未来，只是被现实打败，走入了人生的绝望之地。"游戏人间"也是她无可奈何之举，当对于人生何去何从产生了疑问之后，这是唯一妥协于现实与理想的选择，然而平静并不能维持太久，在最终梦醒了，就连"游戏人间"也无法再去填满理想与现实的鸿沟之时，她做出了最无助、最绝望的选择，即沉湖自尽。日记的最后，她自己也承认了是被人间游戏，而不是游戏了人间。

庐隐正是通过创作了亚侠这一位"五四"时期的典型女性，深层展现了"五四"后期的社会的现象，并反映了当时众多新青年的形象。她在这部作品里感慨人生的愁苦劳碌、人心的虚伪，可以说是一针见血的深刻，全篇流露出淡淡的悲哀情绪也令人印象深刻，写作得甚是传神深刻。

可以看到《或人的悲哀》里的亚侠有一些庐隐自己的影子，包括宗教的慰藉、青梅竹马的变故等，这些是早年庐隐经历过的，她把这些都给了亚侠，也使得亚侠这个人物更加饱满和真实。庐隐将她的感情倾注在亚侠的身上，亚侠的抗争也是她在生活里的抗争。她每每回忆起童年的遭遇，总有不甘之感，萦绕在她心头久久不散。于是，她把难以释怀的曾经化成点滴文字，诉说着久藏心间的痛苦。

她是如此令人动容的女子，少年时受过无数苦楚，即便成年亦有生活的难处。亚侠也有着令人心疼的性格，也只有庐隐才能创作出这样的人物，似她自己，又有着普通人的际遇，成为典型的文学人物。也正是从这部作品开始，成为了她写作风格的一大转折。往后她的作品里始终都有自己的影子，对她而言，她是历史的见证者，因而能够代表一代人的思想。也因此她的作品都有着一股自传性的色彩，以自身经验为出发，描写广大知识女性在五四退潮时期的失落、苦命，努力找寻出路的复杂心理境地。

庐隐甚至是悲哀的赞美者，她把悲哀中寻求出路的各种悲惨经历都描写的淋漓尽致，就好似她这个人一般，丝毫不留渣滓，呈现给众人。写作就好似流血，每写一次都是一次重生，都让伤疤好的更快，她的写作就是这样，让人们感受着"五四"运动后中国的知识女性不断为要求个性解放、追求理想付出的努力，感受着那个时代女性最为美丽的一面。

即便是当下时代，写作对很多人而言亦是一种调节情绪的方式。文艺的真谛在于表达出内心的真实情绪，博得感同身受的情感，源自生活，却又高于生活。

庐隐提出的主张在民国时代是相当超前的，在当下亦不过时。现在的年轻人也疾呼着女权主义，也在争取着女性地位的提高。后人接过前辈们的理想一代代传承下去，从这个层面来看，庐隐的思想意识是极高的，贡献给后人的远远超过其作品内容本身。

庐隐就是这样一位女作家，用极其平实的语言编织着现实的种种，又用她质朴绝粹的心传达着那个时代的声音。

第二节 海滨故人何时归

海滨故人节选（一）

呵！多美丽的图画！斜阳红得像血般，照在碧绿的海波上，露出紫蔷薇般的颜色来，那白杨和苍松的荫影之下，她们的旅行队正停在那里，五个青年的女郎，要算是此地的熟客了，她们住在靠海的村子里；只要早晨披白绡的安琪儿，在天空微笑时，她们便各人拿着书跳舞般跑了来。黄昏红裳的哥儿回去时，她们也必定要到。

她们倒是什么来历呢？有一个名字叫露沙，她在她们五人里，是最活泼的一个，她总喜欢穿白纱的裙子，用云母石作枕头，仰面睡在草地上默默凝思。她在城里念书，现在正是暑假期中，约了她的好朋友——玲玉、莲裳、云青、宗莹住在海边避暑，每天两次来赏鉴海景。她们五个人的相貌和脾气都有极显著的区别。露沙是个很清瘦的面庞和体格，但却十分刚强，她们给她的赞语是"短小精悍"。她的脾气很爽快，但心思极深，对于世界的谜仿佛已经识破，对人们交接，总是诙谐的。玲玉是富于情感，而体格极瘦弱，她常常喜欢人们的赞美和温存。她认定的世界的伟大和神秘，只是爱的作用；她喜欢笑，更喜欢哭，她和云青最要好。云青是个智理比感情更强的人。有时她不耐烦了，不能十分温慰玲玉，玲玉一定要背人偷拭泪，有时竟至放声痛哭了。莲裳为人最周到，无论和什么人都交际得来，而且到处都被人欢迎，她和云青很好。宗莹在她们里头，是最娇艳的一个，她极喜欢艳妆，也喜欢向人夸耀她的美和她的学识，她常常说过分的话。露沙和她很好，但露沙也极反对她思想的近俗，不过觉得她人很温和，待人很好，时时地牺牲了自己的偏见，来附和她。她们样样不同的朋友，而能比一切同学亲热，就在她们都是很有抱负的人，和那醉生梦死的不同。所以她们就在一切同学的中间，筑起高垒来隔绝了。

隐去庐山自从容

有一天朝霞罩在白云上的时候，她们五个人又来了。露沙睡在海崖上，宗莹蹲在她的身旁，莲裳、玲玉、云青站在海边听怒涛狂歌，看碧波闪映，宗莹和露沙低低地谈笑，远远忽见一缕白烟从海里腾起。玲玉说："船来了！"大家因都站起来观看，渐渐看见烟筒了。看见船身了，不到五分钟整个的船都可以看得清楚。船上许多水手都对她们望着，直到走到极远才止。她们因又团团坐下，说海上的故事。

开始露沙述她幼年时，随她的父母到外省做官去，也是坐的这样的海船。有一天因为心里烦闷极了，不住声地啼哭，哥哥拿许多糖果哄她，也止不住哭声，妈妈用责罚来禁止她的哭声，也是无效。这时她父亲正在作公文，被她搅得急起来，因把她抱起来要往海里抛。她这时惧怕那油碧碧的海水，才止住哭声。

宗莹插言道："露沙小时的历史，多着呢，我都知道。因我妈妈和她家认识，露沙生的那天，我妈妈也在那里。"玲玉说："你既知道，讲给我们听听好不好？"宗莹看着露沙微笑，意思是探她许可与否，露沙说："小时的事情我一概不记得，你说说也好，叫我也知道知道。"

于是宗莹开始说了："露沙出世的时候，亲友们都庆贺她的命运，因为露沙的母亲已经生过四个哥儿了。当孕着露沙的时候，只盼望是个女儿。这时露沙正好出世。她母亲对这嫩弱的花蕊，十分爱护，但同时意外的事情发生了，不免妨碍露沙的幸运，就是生露沙的那一天，她的外祖母死了。并且曾经派人来接她的母亲，为了露沙的出世，终没去成，事后每每思量，当露沙闭目恬适睡在她臂膀上时，她便想到母亲的死，晶莹的泪点往往滴在露沙的颊上。后来她忽感到露沙的出世有些不祥，把思量母亲的热情，变成憎厌露沙的心了！

还有不幸的，是她母亲因悲抑的结果，使露沙没有乳汁吃，稚嫩的哀哭声，便从此不断了。有一天夜里，露沙哭得最凶，连她的小哥哥都吵醒了。她母亲又急又痛，止不住倚着床沿垂泪，她父亲也叹息道："这孩子真讨厌！明天雇个奶妈，把她打发远点，免得你这么受罪！"她母亲点点头，但没说什么。

过了几天，露沙已不在她母亲怀抱里了，那个新奶妈，是乡下来的，她梳着奇异像蝉翼般的头，两道细缝的小眼，上唇撅起来，露着牙龈。露沙初次见她，似乎很惊怕，只躲在娘怀里不肯仰起头来。后来那奶妈拿了许多糖果和玩物，才勉强把她哄去。但到了夜里，她依旧要找娘去，奶妈只把她搂在怀里，轻轻拍着，唱催眠歌儿，才把她哄睡了。

露沙因为小时吃了母亲忧抑的乳汁，身体十分羸弱，况且那奶妈又非常的粗心，她有时哭了，奶妈竟不理她，这时她的小灵魂，感到世界的孤寂和冷刻了。她身体健康更一天不如一天。到三岁了她还不能走路和说话，并且头上还生了许多疮疥。这可怜的小生命，更没有人注意她了。

在那一年的春天，鸟儿全都轻唱着，花儿全都含笑着，露沙的小哥哥都在绿草地上玩耍，那时露沙得极重的热病，关闭在一间厢房里。当她病势沉重的时候，她母亲绝望了，又恐怕传染，她走到露沙的小床前，看着她瘦弱的面庞说："唉！怎变成这样了！……奶妈！我这里孩子多，不如把她抱到你家里去治吧！能好再抱回来，不好就算了！"奶妈也正想回去看看她的小黑，当时就收拾起来，到第二天早晨，奶妈抱着露沙走了。她母亲不免伤心流泪。露沙搬到奶妈家里的第二天，她母亲又生了个小妹妹，从此露沙不但不在她母亲的怀里，并且也不在她母亲的心里了。

奶妈的家，离城有二十里路，是个环山绕水的村落，她的屋子，是用茅草和黄泥筑成的，一共四间，屋子前面有一座竹篱笆，篱笆外有一道小溪，溪的隔岸，是一片田地，碧绿的麦秀，被风吹着如波纹般涌漾。奶妈的丈夫是个农夫，天天都在田地里做工；家里有一个纺车，奶妈的大女儿银姊，天天用它纺线；奶妈的小女儿小黑和露沙同岁。露沙到了奶妈家里，病渐渐减轻，不到半个月已经完全好了，便是头上的疮也结了痂，从前那黄瘦的面孔，现在变成红黑了。

露沙住在奶妈家里，整整过了半年，她忘了她的父母，以为奶妈便是她的亲娘，银姊和小黑是她的亲姊姊。朝霞幻成的画景，成了她灵魂的安慰者，斜阳影里唱歌的牧童，是她的良友，她这时精神身体都十分焕发。

露沙回家的时候，已经四岁了。到六岁的时候，就随着她的父母做官去，以后的事情我就不知道了。

宗莹说到这里止住了。露沙只是怔怔地回想，云青忽喊道："你看那海水都放金光了，太阳已经到了正午，我们回去吃饭吧！"她们随着松荫走了一程已经到家了。

在这一个暑假里，寂寞的松林，和无言的海流，被这五个女孩子点染得十分热闹，她们对着白浪低吟，对着激潮高歌，对着朝霞微笑，有时竟对着海月垂泪。不

隐去庐山自从容

久暑假将尽了，那天夜里正是月望的时候，她们黄昏时拿着箫笛等来了。露沙说："明天我们就要进城去，这海上的风景，只有这一次的赏受了。今晚我们一定要看日落和月出……这海边上虽有几家人家，但和我们也混熟了，纵晚点回去也不要紧，今天总要尽兴才是。"大家都极同意。

西方红灼灼的光闪烁着，海水染成紫色，太阳足有一个脸盆大，起初盖着黄色的云，有时露出两道红来，仿佛大神怒睁两眼，向人间狠视般，但没有几分钟那两道红线化成一道，那彩霞和彗星般散在西北角上，那火盆般的太阳已到了水平线上，一霎眼那太阳已如狮子滚绣球般，打个转身沉向海底去了。天上立刻露出淡灰色来，只在西方还有些五彩余辉闪烁着。

海风吹拂在宗莹的散发上，如柳丝轻舞，她倚着松柯低声唱道：

我欲登芙蓉之高峰兮，
白云阻其去路。
我欲挈绿萝之俊藤兮；
惧颓岩而跚蹰。

伤烟波之荡荡兮;

伊人何处?

叩海神久不应兮;

唯漫歌以代哭!

接着歌声,又是一阵箫韵,其声嘤嘤似蜂鸣群芳丛里,
其韵溶溶似落花轻逐流水,渐提渐高激起有如孤鸿哀唳
碧空,但一折之后又渐转和缓恰似水渗滩底呜咽不绝,
最后音响渐杳,歌声又起道:

临碧海对寒素兮,

何烦纤之萦心!

浪滔滔波荡荡兮,

伤孤舟之无依!

伤孤舟之无依兮,

愁绵绵而永系!”

大家都被了歌声的催眠,沉思无言,便是那作歌的
宗莹,也只有微叹的余音,还在空中荡漾罢了。

海滨故人节选（二）

梓青接到信后，除了极力安慰露沙外，亦无法制止人言。过了几个月，梓青因友人之约，将要离开北京，但是他不愿抛下露沙一个人，所以当未曾应招之前，和露沙商量了好几次。露沙最初听见他要走，不免觉得怅怅，当时和梓青默对至半点钟之久，也不曾说出一句话来。后来回到家里，独自沉沉想了一夜，觉得若不叫梓青去，与他将来发展的机会，未免有碍，而且也对不起社会，想到这里，一种激壮之情潮涌于心。第二天梓青来，露沙对他说："你到南边去的事情，你就决定了吧！我觉得这个机会，很可以施展你生平的抱负，……至于我们暂时的分别，很算不了什么，况我们的爱情也当有所寄托，若徒徒相守，不但日久生厌，而且也不是我们的夙心。"

梓青听了这话，仍是犹疑不决道："再说吧！能不去我还是不去。"露沙道："你若不去，你就未免太不谅解我了！"说着凄然欲泣，梓青这才说："我去就是了！你不要难受吧！"露沙这才转悲为喜，和他谈些别后怎样消遣，并约年假时梓青到北京来。他们直谈到日暮才别。

云青回家以后曾来信告诉露沙，她近来生活十分清静，并且已开始研究佛经了，出世之想较前更甚，将来当买田造庐于山清水秀的地方，侍奉老母，教导弟妹，十分快乐。露沙听见这个消息，也很觉得喜慰，不过想到云青所以能达到这种的目的，因为她有母亲，得把全副的心情，都寄托在母亲的爱里，若果也像自己这样漂零的身世，……便怎么样？她想到这里不禁又伤感起来。

有一天露沙正在书房，看《茶花女遗事》，忽接到云青的来信，里头附着一篇小说。露沙打开一看，见题目是《消沉的夜》其内容是：

"只见惨绿色的光华，充满着寂寞的小园，西北角的榕树上，宿着啼血的杜鹃，凄凄哀鸣，树荫下坐着个年约二十三四的女郎，凝神仰首。那时正是暮春时节，落花乱瓣，在清光下飞舞，微风吹皱了一池的碧水。那女郎沉默了半晌，忽轻轻叹了一口气，把身上的花瓣轻轻拂拭了，走到池旁，照见自己削瘦的容颜，不觉吃了一惊，暗暗叹道：'原来已憔悴到这步田地！'她如悲如怨，倚着池旁的树干出神，迷忽间，仿佛看见一个似曾相识的青年，对她苦笑，似乎说：'我赤裸裸的心，已经被你拿去了，现在你竟耍弄了我！唉！'"那女郎这时心里一痛，睁眼一看，原来不是什么青年，只是那两竿翠竹，临风摇摆罢了。

这时月色已到中天，春寒兀自威凌逼人，她便慢慢踱进屋里去了，屋里的月光，一样的清凉如水，她便拥衣睡下。朦胧之间，只见一个女子，身披白绢，含笑对她招手，她便跟了去。走到一所楼房前，楼下屋窗内，灯光亮极，她细看屋里，有一个青年的女子，背灯而坐，手里正拿着一本书，侧首凝神，好像听她旁边坐着的男子讲什么似的，她看那男子面容极熟，就是那个瘦削身材的青年，她不免将耳头靠在窗上细听。只听那男子说："……我早应当告诉你，我和那个女子交情的始末。她行止很端庄，性情很温和，若果不是因为她家庭的固执，我们一定可以结婚了。……不过现在已是过去的事，我述说爱她的事实，你当不至怒我吧！"那青年说到这里，回头望着那女子，只见那女子含笑无言……歇了半晌那女子才说："我倒不怒你向我述说爱她的事实，我只怒你为什么不始终爱她呢？"那青年似露着悲凉的神情说："事实上我固然不能永远爱她，但在我的心里，却始终没有忘了她呢！……"她听到这里，忽然想起那人，便是从前向她求婚的人，他所说女子，就是自己，不觉想起往事，心里不免凄楚，因掩面悲泣。忽见刚才引她来的白衣女郎，又来叫她道："已往的事，悲伤无益，但你要知道许多青年男女的幸福，都被这戴紫金冠的魔鬼剥夺了！你看那不是他又来了！"她忙忙向那白衣女郎手指的地方看去，果见有一个青面獠牙的恶鬼，戴着金碧辉煌的紫金冠。那金冠上有四个大字是"礼教胜利"。她看到这里，心里一惊就醒了，原来是个梦，而自己正睡在床上，那消沉的夜已经将要完结了，东方已经发出清白色了。

露沙看完云青这篇小说，知道她对蔚然仍未能忘情，不禁为她伤感，闷闷枯坐无心读书。后来兰馨来了，才把这事忘怀。兰馨告诉她年假要回南，问露沙去不去，露沙本和梓青约好，叫梓青年假北来，最近梓青有一封信说他事情大忙，一时放不下，希望露沙南来，因此露沙就答应兰馨，和她一同南去。

到南方后，露沙回家。到父母的坟上祭扫一番，和兄妹盘桓几天，就到苏州看玲玉。玲玉的小家庭收拾得很好，露沙在她家里住了一星期。后来梓青来找她，因又回到上海。

有一天下午，露沙和梓青在静安寺路一带散步，梓青对露沙说："我有一件事要和你商量，不知肯答应我不?"露沙说:"你先说来再商量好了。"梓青说:"我们的事业,正在发轫之始,必要每个同志集全力去作,才有成熟的希望,而我这半年试验的结果,觉得能实心踏地做事的时候很少,这最大的原因,就是因为悬怀于你……所以我想,我们总得想一个解决我们根本问题的方法,然后才能谈到前途的事业。"露沙听了这话,呻吟无言,……最后只说了一句:"我们从长计议吧!"梓青也不往下说去,不久他们回去了。

过了几个月,云青忽接到露沙一封信道:

云青!

别后音书苦稀,只缘心绪无聊,握管益增怅惘耳。前接来函,借悉云青乡居清适,欣慰无状!沙自客腊南旋,依旧愁怨日多,欢乐时少,盖飘萍无根,正未知来日作何结局也!时晤锌青,亦郁悒不胜;唯沙生性爽宕,明知世路险峻,前途多难,而不甘蹀躞歧路,抑郁瘦死。前与梓青计划竟日,幸已得解决之策,今为云青陈之。

囊在京华沙不曾与云青言乎?梓青与沙之情爱,成熟已久,若环境顺适,早赋于飞矣,乃终因世俗之梗,凤愿莫遂!沙与梓青非不能铲除礼教之束缚,树神圣情爱之旗帜,特人类残苛已极,其毒焰足逼人至死!是可惧耳!

日前曾与梓青，同至吾辈昔游之地，碧浪滔滔，风响凄凄，景色犹是，而人事已非，怅望旧游，都作雨后梨花之飘零，不禁酸泪沾襟矣！

吾辈于海滨徘徊竟日，终相得一佳地，左绕白玉之洞，右临清溪之流，中构小屋数间，足为吾辈退休之所，目下已备价购妥，只待鸠工造庐，建成之日，即吾辈努力事业之始。以年来国事蜩螗，固为有心人所同悲。但吾辈则志不斯，唯欲于此中留一爱情之纪念品，以慰此干枯之人生，如果克成，当携手言旋，同逍遥于海滨精庐；如终失败，则于月光临照之夜，同赴碧流，随三闾大夫游耳。今行有期矣，悠悠之命运，诚难预期，设吾辈卒不归，则当留此庐以饷故人中之失意者。

宗莹、玲玉、莲裳诸友，不另作书，幸云青为我达之。此牍或即沙之绝笔，盖事若不成，沙亦无心更劳楮墨以伤子之心也！临书凄楚，不知所云，诸维珍重不宣！

露沙书

云青接到信后，不知是悲是愁，但觉世界上事情的结局，都极惨淡，那眼泪便不禁夺眶而出。当时就把露沙的信，抄给三份，寄给玲玉、宗莹、莲裳。过了一年，玲玉邀云青到西湖避暑。秋天的时候，她们便绕道到从前旧游的海滨，果然看见有一所很精致的房子，门额上写着"海滨故人"四个字，不禁触景伤情，想起露沙已

隐去庐山自从容

一年不通音信了，到底也不知道是成是败，屋远人远，徒深驰想，若果竟不归来，留下这所房子，任人凭吊，也就太觉多事了！

她们在屋前屋后徘徊了半天，直到海上云雾罩满，天空星光闪烁，才洒泪而归。临去的一霎，云青兀自叹道："海滨故人！也不知何时才赋归来呵！"

（选自 1923 年 10 月 10 日、12 月 10 日《小说月报》第 14 卷第 10、12 号）

庐隐的一生又短又长，情长奈何命短，但是写出了大量优秀的作品。《海滨故人》是庐隐的代表作，更是少有的长篇小说。作品写露沙等五位女青年，天真浪漫，用幻想编织着未来的自由王国。书中的露沙从小未曾得到父母的爱，在教会学堂遭遇歧视，追求爱情又失败，虽有几位同窗挚友，却也零落天涯，深感这生活的落寞与人生的不幸，性格上也不甚悲观，这似乎是先天而来的。任谁观之，都能从露沙的身世上看出庐隐本人的影子，应该说这便是以她自己的亲身经历为蓝本进行的二次创作，在现实与虚拟之中交替进行，高喊出她内心的凄苦。

　　故事以露沙五人在海边度暑假开篇，清凉的海风，夕阳晚景，还有那苍松翠柏与故事中的年轻少女，这一切的一切给人无边的遐想与神往，开篇便是一种别样的清新。故事里的五个少女都是学校里的优等生，勤奋好学，抱负满满，都对美好的人生有着万千希冀。她们每日相伴，感慨这世间变迁，感受那良辰美景，时而又惆怅落泪，可总归是美好的年华岁月。

美好的日子总是稍纵即逝，时间还未给她们编织一个称心如意的未来，就被现实打的七零八落。是了，她们每一个似乎都有着无可奈何的痛苦了。

云青始终背负家庭的责任，只得放弃蔚然，最后只收到蔚然与他人成婚的喜帖，心痛心碎之下，只好终日研习佛经。

宗莹是比较幸运那一个，有了相爱之人，本是满怀欣喜地拥抱了婚姻，哪曾想婚后却被琐事与疾病缠身，渐渐消沉了下去。

莲裳和玲玉两女人也因着生活的摧残而被磨去了棱角。昔日的少女梦，最终落得这样的下场。

露沙是倔强的，与相爱之人的分离和丧母之痛没有摧毁她的意志，依旧坚定地追寻着当初的理想。她看不到前进的方向，但是冥冥中似乎有着一个声音指引着她，她应该去寻找另一种生活，一种"人生应得的生活"。

少女们就这样按着上天的旨意和各自的努力尽量去过生活，可也许命运最终逃不过早已注定的枷锁，也就有了故事最终的结尾：露沙和梓青的命运似乎注定是要纠缠一生的，无论是谁也终究是舍不得离开对方，只能一起相依抑或是一起毁灭。

最后的最后，露沙留下一纸绝笔，和爱人一起，不知所终。或者，如信中暗示，若"理想"失败便"同赴碧流"。

到第二年秋，云青几个少女便绕道到从前旧游的海滨，果然看见有一所很精致的房子，门额上写着"海滨故人"四个字，不禁触景伤情，想起露沙已一年不通音信了，到底也不知道是成是败，室迩人远，徒留几个人凭空遐想。

临去的一霎，云青兀自叹道："海滨故人！也不知何时才赋归来呵！"只有海滨还在这里，像一个旧时的故人在诉说那些梦想里与现实里交缠着的支离破碎的少女的梦。露沙是那么骄傲，为了爱情宁为玉碎不为瓦全，也许唯有这样的结局才是命定的归宿。

露沙和女友们，从相守言欢到离别飘散，从一心畅谈风月追求精神世界的平衡到被爱情牵绊无奈向现实生活妥协，她们思想和追求，她们的苦闷和彷徨，都是在那个束缚颇多的社会里的唯一宣泄。

庐隐极力剖析知识女青年苦苦追寻人生意义和自我价值的过程，流露出强烈的女性主权意识。

庐隐是个感情极其热烈的女子，性格直爽，只是不幸太多，因而在刻画《海滨故人》中的几个少女之时，也是打上了她的性格烙印。

庐隐喜欢刻画那些敏感忧郁的少女，正如她本身的性格，试着站在旁观者的角度去描述着少女们的人生遭遇，她们的故事未尝不是庐隐的故事。她不失时机地袒露着埋藏在心底已久的思绪，时而悲悯。当然她也抽离于现实，抽离于自身，置身事外地去倾情讲述长期以来的悬而未决的问题，多数是对生命的发问，亦是活着不断去寻找答案的疑问。

从露沙这个形象来看，就可以透视庐隐的心态，了解她的内心情感。《海滨故人》写于"五四"运动退潮期，知识青年对前途不知所以，常常产生彷徨、迷茫的情绪，《海滨故人》就是这一时期的人们心理状态的一个缩影。反映了一代不甘醉生梦死的青年人的苦闷，也透露出作者初涉尘世时，对封建礼教、家规、世俗所造成的女性的不幸遭遇的忧虑。应该说露沙从小经历的，就让她过早地感受到这世间的炎凉，因而她个性孤僻倔强，同时又十分感性，情感上比常人要敏感一些。正是因为这样的性格，于是理智与感性的碰撞之下，她的生活总是矛盾重重，只好在夹缝里彷徨着，尤其对"人生是什么"、"究竟是知识误我，还是我误知识"等诸多疑问中难以抽身。

面对这些，她总是以悲观、衰颓的情绪去给予解释。表面上看似乎她早已看透人生，实则是难以超脱，正是这进退两难的境地难以逃脱，最后走上了漂泊之路。

露沙与几位女友玲玉、莲裳、云青、宗莹等女性都是有抱负的，是想要追求有意义的人生的，这和那些空想着的青年不同，但是她们的内心又有着女性的柔软，有些难以抗拒的脆弱，动辄有着诸多顾忌，这又是一对难以逃脱的人生矛盾。再者她们几乎每个人都有自己的苦痛之处，以及各自的坎坷经历，或是背离故土四处飘零流徒，或是寄人篱下孤苦伶仃，或是所嫁非人悔不当初等等，她们无不发生精神危机，到处寻找着精神寄托，这些都是难以逃脱的境遇。

正是这些挣扎万分的矛盾将全部的悲伤情绪推向了高潮，仿佛那些苦难都一一驾临封建社会里每一个人身上，引起了共鸣，甚至每个人都泪眼婆娑，而后高潮褪去，留下了一个有些两难意味的结局，引人扼腕叹息。小说以纯然女性的思考方式、叙事口吻，表现了种种矛盾，而这些只有女作家才可能有的理解和感悟。经过复杂和深刻的心理变化以及细微的情感描写，化作了真实而又细腻的情感特写，将新时代的女性的生存体验都写了进去。

庐隐本是多愁善感的性情，她的文笔总是透着一种哀婉悱恻的情绪，不自觉地将笔下人物引至进退不能的困境。她自己接受了新思想的洗礼，连带着笔下的女子皆是受教育的新式女性。可这些人物空有新思想，却离不开旧式社会的束缚，因此比旧式女性有着更为深刻的痛苦。正像是社会变革期的庐隐，她比一般的女性要理性清醒，对未来充满着迷茫，实则是一种心理折磨，越清醒，越伤痛。

一部伤感文学作品可以引起读者的共鸣，随之引人深思，也许既要珍惜曾经拥有，也要舍去那些不可得的欲望，豁达与潇洒才能遗世独立。

同时，伤感文学往往有着一种悲壮的氛围，如《海滨故人》中，庐隐写道，"呵！多美丽的图画！斜阳红得像血般，照在碧绿的海波上，露出紫蔷薇般的颜色来……"黄昏向来是用来写伤感文字的最佳时候，苍天碧海，斜阳如血，确实有种悲壮的感觉，更好地烘托出人物的情感，这在作品中是多处可见的。

无论是哪一类文学，渲染气氛都是必不可少的。离别是庐隐在书中经常描写的一个场景，小说全文一共出现了多次离别之境。从奶妈家的别离，到朋友间的分离，以及心爱之人的伤别……这些离别的惆怅既是刻意需要，却又不能过分描写。

离别是庐隐生命中的痛，从她幼年经历中便可以看到，这些都是她性格形成的必不可少的因素。在作品中的别离，庐隐往往是一笔带过，可正是寥寥几笔才能感受那别离的伤感与她生命里的悲苦。总说作品与作者是分不开的，有时候读着读着也不知是那主人公还是作者，抑或是每一个人。

文章最后的绝笔，带着出世的意味，一带而过，不似重击，反而留有余味，忍不住细细回味。这苦痛看着似乎轻之又轻，却在最终点睛全篇，不禁又想起满篇作品中的苦，实则深刻而极致。这亦是庐隐的人生，一眼看去满是绚烂，细品才发现苦痛绵延，时常引人落泪，却足以回味余生。

露沙是苦命的，她的朋友们——宗莹、云青、玲玉都是悲苦命运，就连和她们有关的蔚然、梓青也有着逃脱不了的疾苦。和他们有关的人都和无奈划上等号，生命中的无奈几个人全遇上了，无法解决只得选择离开，以最平静的方式离开，回到最简单的生活，寻找属于自己的生活方式。

庐隐虽然与冰心齐名，但是确是那个时代的一颗遗珠。她的不合世俗正是其文字独特的地方，反而对于女性地位与崛起达到了启蒙的作用。

她用辛辣的文字直接抨击封建世俗的弊端，以笔杆子作武器为女性呐喊，站在女性的角度对那个时代发出她的最强音。她一方面鼓励女性解放自己，追求自己想要的未来，另一方面又表达出牺牲于旧社会礼数下女性的怜悯。庐隐经历了多年的凄苦生活，和进入社会后的种种经验教训，痛定思痛，以超凡的智慧看到男女关系中的不平等，以及男女青年的迷茫与彷徨，并通过文学作品来揭示这样的现实，以求能够找寻自己的、他人的、社会的出路。

她是少数在女权问题上觉醒的作家，同时也是鲜有的女作家之一，是那个时代女权主义的领导者，而后的女作家也跟着纷纷觉醒，在作品中倡导男女之间真正的平等，成为文坛绝唱。

庐隐意识到所谓男女平等，不应该是男人口中的"平等"，那种平等不是真正的平等，男性话语权下的"平等"只是他们用来欺压女性的幌子。

真正的女性平等是女性自身的独立，特别是思想的独立和解放。因而庐隐的作品深刻揭露了男性以自由恋爱为名抛弃、冷落女性的现象，同时呼吁女性真正依靠自己，为自己的未来努力。

庐隐似乎成了一个捍卫正义的战士，传达出那些凄苦女性的苦闷心理和所遭到的困境，她是女性文学的先锋作家，真正站在女性的立场上为广大女性呐喊，揭示这个旧社会的丑陋之处。

"海滨故人"群诚然是一个女性群体，她们虽和男性有交集，但是主角是依旧是几个女子，她们是独立的个体，各有各的遭遇和思想，在一起相互倾谈彼此的故事，彼此安慰，一起观这天地美景，一起读书、旅行，并相约于西子湖畔，女子在旧社会里这般相处定会稍显出格，但是却描绘出另一番属于女子的天地，女子也应该取悦自己，为自己而活，活的潇洒。在书中的世界，男权文化被搁置，她们不以嫁人为终生的归宿，反而质疑婚姻的意义，赞赏独立自主之女性，这诚然是对封建社会的一种讽刺。

转念一笔，本以为会继续潇洒下去，然而她们不曾真正摆脱旧时代女性的命运，依旧是一出女性悲剧。如此鲜明的对比，更加凸显出女性抗争的重要性。庐隐在《海滨故人》结尾处的那声慨叹，说到底也是她本人心内的呐喊，道出了女性并未彻底解放的失望与忧心，道出了她活着的迷惘。

读起《海滨故人》，总是会不由自主地想起当下的生活，也如同书中的几位女子那样，时而彷徨和迷茫。可能彷徨与迷茫也正是当今一代青年的性格写照，无论是过去、现在、未来，任何人也无法逃脱迷茫带来的愁云，而与当下抗争也不过是唯一的出路。

云青最后一句的感叹也是很多人暗藏在内心的话，"海滨故人！也不知何时才赋归来呵！"现实里总在惆怅的也是那再也不会归来的往昔，明知故人已西去，偏偏还在渴求着哪一天再次相见。

就像每逢夜里自久坐，想起往日的良辰时光，总想着如何回去，却不曾想过以前那人、那事是否还在原地等待着，是否回去了还是那般心境。也许海滨故人带去的不仅仅是一位故人，更是心里那难以忘怀的美好时光，正是良辰美景都出轨，奈何一心总牵挂。纠结来纠结去，不若将那故人留在往昔里。

第三节

悄问归程何处去

何处是归程 全文选

在纷歧的人生路上，沙侣也是一个怯生的旅行者。她现在虽然已是一个妻子和母亲了，但仍不时的徘徊歧路，悄问何处是归程。

这一天她预备请一个远方的归客，天色才朦胧已经辗转不成梦了。她呆呆的望着淡紫色的帐顶，——仿佛在那上边展露着紫罗兰的花影，正是四年前的一个春夜吧，微风暗送茉莉的温馨，眉月斜挂松尖寂静的河堤上。她曾同玲素挽臂并肩，踯躅于嫩绿丛中。不过为了玲素出国，黯然的话别，一切的美景都染上离人眼中的血痕。

第二天的清晨，沙侣拿了一束紫罗兰花，到车站上送玲素。沙侣握着玲素的手说道；"素姊珍重吧！……四年后再见，但愿你我都如这含笑的春花，它是希望的象征呵！"那时玲素收了这花，火车已经慢慢的蠕动了，——现在整整已经四年。

沙侣正眷怀着往事，不觉环顾自己的四围。忽看见身旁睡着十个月的孩子——绯红着双颊，垂覆着长而黑的睫毛，娇小而圆润的面孔，不由得轻轻在他额上吻了一下。又轻轻坐了起来，披上一件绒布的夹衣，拉开蚊帐，黄金色的日光已由玻璃窗外射了进来。听听楼下已有轻微的脚步声；心想大约是张妈起来了吧。于是走到扶梯口轻轻喊了一声张妈，一个麻脸而微胖的妇人拿着一把铅壶上来了。沙侣扣着衣钮欠伸着道："今天十点有客来，屋里和客厅的地板都要拖干净些……回头就去买小菜……阿福起来了吗？……，叫他吃了早饭就到码头去接三小姐。另外还有一个客人，是和三小姐同轮船来的……她们九点钟到上海。早点去不要误了事！"张妈放下铅壶，答应着去了。

沙侣走到梳妆台旁，正打算梳头，忽看见镜子里自

隐去庐山自从容

己的容颜老了许多，和墙上所挂的小照，大不同了。她不免暗惊岁月催人，梳子插在头上，怔怔的出起神来。她不住的想道："这是怎么一回事呢？结婚，生子，作母亲。……一切平淡的收束了，事业志趣都成了生命史上的陈迹……女人，……这原来就是女人的天职。但谁能死心塌地的相信女人是这么简单的动物呢？……整理家务，扶养孩子，哦！侍候丈夫，这些琐碎的事情真够消磨人了。社会事业——由于个人的意志所发生的活动，只好不提吧。……唉，真惭愧对今天远道的归客！——别四年的玲素呵！她现在学成归国，正好施展她平生的抱负。她仿佛是光芒闪烁的北辰，可以为黑暗沉沉的夜景放一线的光明，为一切迷路者指引前程。哦，这是怎样的伟大和有意义！唉，我真太怯弱，为什么要结婚？妹妹一向抱独身主义，她的见识要比我高超呢！现在只有看人家奋飞，我已是时代的落伍者。十余年来所求知识，现在只好分付波臣，把一切都深埋海底吧。希望的花，随流光而枯萎，永远成为我灵宫里的一个残影呵！……"沙侣无论如何排解不开这忧愁的秘结，禁不住悄悄地拭泪。忽听见前屋丈夫的咳嗽声，知道他已醒了，赶忙喊张妈端上面汤，预备点心，自己又跑过去替他拿替换的

130

裤褂，一面又吩咐车夫吃早饭，把车子拉出去预备着。乱了一阵子，才想去洗脸，床上的小乖乖又醒了，连忙放下面巾，抱起小乖，喂奶换尿布？壁上的钟已当当的敲了九下。客人就要来了，一切都还不曾预备好，沙侣顾不得了，如走马灯似的忙着，

沙侣走到院子里，采了几枝紫色的丁香插在白瓷瓶里，放在客厅的圆桌上。怅然坐在靠窗的沙发上，静静的等侯玲素和她的三妹妹，在这沉寂而温馨的空气里？沙侣复重温她的旧梦，眼睫上不知何时又沾襦上泪液，仿佛晨露浸秋草。

不久门上的电铃，琅琅的响了。张妈呀的一声开了大门，一个年轻漂亮的女子，手里提了一个小皮包，含笑走了进来。沙侣忙上前握住她的手，似喜似怅的说道；"你们回来了。玲素呢……""来了！沙侣！你好吗？想不到在这里看见你，听说你已经作了母亲，快让我看看我们的外甥，……"抄侣默默的痴立着。玲素仿佛明白她的隐衷，因握着沙侣的手，恳切的说道："歧路百出的人生长途上，你总算找到归宿，不必想那些不如意的事吧！"沙侣蒸郁的热泪，不能勉强的咽下去了。她哽咽着叹道："玲姊，你何必拿这种不由衷的话安慰我，

归宿——我真是不敢深想，譬如坑洼里的水，它永远不动，那也算是有了归宿，但是太无聊而浅薄了。如果我但求如此的归宿，——如此的归宿便是人生的真义；那么世界还有什么缺陷？"

"这是为什么，姊姊。你难道有什么不如意的事吗？"沙侣摇头叹道："妹妹，我那敢妄求如意，世界上也有如意的事吗？只求事实与思想不过分的冲突，已经是万分的幸运了！"沙侣凄楚而深痛的语调，使得大家惘然了。三妹妹似不耐此种死一般的冷寂，站了起来？凭着窗子看院子里的蜜蜂，攒进花心采蜜，玲素依然紧握沙侣的手安慰她道；"沙侣不要太拘迹吧，有什么难受的呢？世界上所谓的真理，原不是绝对的，什么伟大和不朽，究竟太片面了，何尝能解决整个的人生？——人生原来不是这样简单的，谁能够面面顾到！……如果天地是一个完整的，那么女娲氏倒不必炼石补天了，你也太想不开，"

"玲姊的话真不错，人生就仿佛是不知归程的旅行者，走到那里算到那里，只要是已经努力的走了，一切都可以卸责了。……姊姊总喜欢钻牛角尖，越钻越仄，……我不怕你笑话，我独身主义的主张，近来有些摇动了。……因为我已觉悟固执是人生滋苦之因，不必拿别人说，只看我们的姑姑吧。"

"姑姑近来怎么样？前些日子听说她患失眠很利害，最近不知好了没有？三妹妹你从故乡来，也听到她的消息吗？"

"姊姊！你自然很仰慕姑姑的努力罗。……人们有的说像她这样才算伟大，但是不幸同时也有人冷笑说她无聊，出风头，姑姑恨起来常常咬着嘴唇道：'龃龉的人类，永远是残酷的呵！'但有谁理会她，隔膜仿佛铁壁铜墙般矗立在人与人的中间。"

玲素听见三妹妹慨然的说着，也不觉有些心烦意乱，但仍勉强保持她深沉的态度，淡淡的说道："我想世上既没有兼全的事，那末随遇而安自多乐趣，又何必矫俗于名？"

沙侣摇头道："玲姊！我相信你更比我明白一切，因此我知道你的话还是为安慰我而发的。……究竟你也是替我咽着眼泪，何妨大家痛快些哭一场呢！……我老实的告诉你吧，女孩子们的心，完全迷惑于理想的花园里。——玫瑰是爱情的象征，月光的洁幕下，恋人并肩的坐在花丛里，一切都超越人间，把两个灵魂搅合成一个，世界尽管和死般的沉寂而他和她是息息相通的，是谐和的。唉，这种的诱惑力之下，谁能相信骨子里的真相呢！……简直完全不是这么一回事。——结婚的结果是把他和她从天上摔到人间，他们是为了家务的管理，和欲性的发泄而娶妻，更痛快点说吧，许多女子也是为了吃饭享福而嫁丈夫。——但是做着理想的花园的梦的女子，跑到这种的环境之下，……玲姊，这难道不是悲剧吗？……前天芷芬来，她曾问我说：'你现在怎么样？看着杂乱如麻的国事，竟没有一些努力的意思吗？'玲姊！你知道芷芬这话，使我如何的受刺激！但是罪过，我当时竟说出些欺人自欺的话。——我现在一切都不想了，抚养大了这个小孩子也就算了。高兴时写点东西，念点书，消遣消遣。我本是个小人物，且早已看淡了一切的虚荣，……芷芬听罢，极不高兴，她用失望的眼光看着我道：'你能安于此也好，不过我也有我的思想。……将军上马各自奔前程吧……'她大概看我是个不堪造就的废物，连坐也不坐便走了。当时我觉得很抱歉，并且再扪扪心我何尝真是没有责任心？……呵，玲姊，怯弱的我只有悔恨我为什么要结婚呢？"沙侣说得十分伤心，不住的用罗巾拭泪，

但是三妹妹总不信，不结婚便可以成全一切，她回

过头来看着沙侣和玲素说："让我们再谈谈不结婚的姑姑罢。"

"玲姊和姊姊，你们脑子里都应有姑姑的印象吧？美丽如春花般的面孔，玲珑而窈窕的身材，正仿佛这漂亮而馥郁的丁香花。可是只有这时候，是丁香的青春期，香色均臻浓艳；不过催人的岁月，和不肯为人驻足的春之女神，转眼走了，一切便都改观。如果到了鹃啼嫣红，莺恋残枝，已是春事阑珊，只落得眷念既往的青春，那又是如何的可悲，如何的冷落？……姑姑近来憔悴得多了，据我的观察，她或者正悔不曾及时的结婚呢！"

沙侣虽听了这话，但不敢深信，微笑道，"三妹妹，你不要太把姑姑看弱了。"

三妹妹辩道；"你听我讲她一段故事吧：

"今年中秋月夜，我和她同在鼓山住着，这夜恰是满山的好月色，瀑布和涧流，都闪烁着银色的光。晚饭后，我们沿着石路土阶，慢慢奔北山峰的那里如疏星般列着几块光滑的岩石，我们拣了一块三角形的，并肩坐下。忽从微风里悄送来阵阵的暗香，我们藉着月色的皎朗，看见岩石上攀着不少的藤蔓，也有如珊瑚色的圆球，认小出是什么东西。在我们的脚下，凹下去的地方有一

隐去庐山自从容

道山涧，正潺潺涯潺的流动。我们彼此无言的对坐着，不久忽听见悠扬的歌声，正从对山的礼拜堂里发出来。姑姑很兴奋的站起来说，'美妙极了，此时此地，倘若说就在这时候死了，岂不……真的到了那一天，或者有许多人要叹道：可惜，可惜她死得太早了，如果不死，前途成就正未可量呢！……，我听了这话仿佛得了一种暗示，窥见姑姑心头隆起红肿的伤痕，——我因问道：'姑姑，你为什么说这种短气的话，你的前途止远，大家都希望你把成功的消息报告他们呢。……'姑姑抚着我的肩叹道：'三妹，你知道正是为了希望我的人多，我要早死了，只有死才能得最大的同情。想起两年前在北京为妇女运动奔走，结果只增加我一些惭愧，有些人竟赠了我一个准政客的刻薄名词，后来因为运动宪法修改委员，给我们相当的援助，更不知受了多少嘲笑。末了到底被人造了许多谣言，什么和某人订婚了，最残忍的竟有人说我要给某人作姨太太。并且不止侮辱我一个，他们在酒酣耳热的时候，从他们喷唾沫的口角上，往往流露出轻薄的微笑，跟着，他们必定要求一个结论：'这些女子都是拿着妇女运动作招牌，借题出风头。'你想我怎么受？偏偏我们的同志又不争气，文兰和美真又闹起三角恋爱，一天到晚闹笑话，我不免愤恨终至于灰心。不久政局又发生了大变，国会解散，我们妇女同盟会也就冰消瓦解。在北京住着真觉无聊，更加着不知趣的某处长整天和我夹缠，使我决心离开北京。还以为回来以后，再想法团结同志以图再举，谁知道这里的环境更是不堪？唉……我的前途茫茫，成败不可必，倘若事业终无希望，倒不如早些作个结束。

"姑姑黯然的站在月光之下，也许是悄悄的垂泪，但我不忍对她逼视。当我在回来的路上，姑姑又对我说：'真的我现在感到各方面都太孤零了。'玲姊，姑姑言外之意便可知了。"沙侣静听着，最后微筵道："那末还是结婚好！"

玲素并不理会她的话，只悄悄的打算盘，怎么办？结婚也不好，不结婚也不好，歧路纷出，到底何处是归程呵？她不觉深深的叹道："好复杂的人生！"

沙侣和三妹妹沉默了，大家各自想着心事，四围如死般的寂静，只有树梢头的黄鹂，正宛啭着，巧弄它的珠喉呢。

（原载于《小说月报》，1927年2月10日第18卷第2号）

隐去庐山自从容

　　自古而来，人类文化一直以男性为中心，社会结构更是以男权为中心，这样的情况直到近代才有所改变，从历史上来看，最早进行争取女性独立的活动可以追溯到 1903 年的妇女组织"共爱会"，随后开始了妇女解放运动的高涨。

　　"五四"运动就是随后的高潮之一，这期间中国的一批女性作家为女性崛起作出了莫大的贡献，像是庐隐、冰心、冯沅君、苏雪林等等。这些女性作家在作品中表达出强烈的女性独立的观点，以笔为武器为广大的女性呐喊，力图冲破男性的樊笼，达到女性真正的自由、解放。

　　庐隐作为早期的女性作家之一，从始至终地表现出女性独立的意识。她是"五四"浪潮下的产儿，在这超思潮中觉醒较早，从自己的经历中了解到封建礼教对于女性的迫害，随后以其独特的写作风格力图写出男权社会里的女性的软弱，以女性的独特视角鼓励广大女性为了自己而呐喊。

"五四"运动颠覆了传统的封建礼教，应该是真正意义上的女性解放的觉醒期，尤其是女性对于婚姻态度的转变是女性觉醒的主要标志之一。

婚姻自由、恋爱自由都是这个时期最为"新鲜"的词汇。庐隐的作品中不乏对恋爱和婚姻问题的探讨，她极为擅长描写男女青年的情感悲剧，并能从这些故事中引人深思。作品《何处是归程》正是典型代表之一，文章里的三个女主人的遭遇正是说明了女性需要冲破男权的牢笼，自由恋爱、结婚才能幸福。

作品看起来短小精悍，可读罢内心甚是涟漪不断。《归程》中的几位女主人公——沙侣、玲素、三妹、姑姑几个人的生活方式大不相同，但是面对恋爱与婚姻各有忧愁，可能无论哪一样的生活都不是完美的，女性总是生活里的弱者，面对生活总是太难去抉择所谓的归宿。

沙侣本应该是幸福的他人妇，然而即使是面对孩子也不曾觉得幸福，每天除了整理家务、照顾孩子，就是伺候丈夫，这在她看来好似一汪死水般岿然不动，事业、志趣都成了生命里难以实现的梦想。

隐去庐山自从容

姑姑是个性情刚烈之人，不曾着急结婚，将满腔热情投入到妇女运动中，哪知竟被流言蜚语所伤，被误认成打着妇女运动的旗帜，借机出一番风头，各种谣言四起，反而备受伤害。

沙侣觉得这婚结早了，羡慕着出国留学的玲素，玲素与三妹劝着沙侣，说着姑姑的故事，到最后原先闹心的还是闹心，玲素与三妹更是不知何去何从。当真是歧路纷出，归程不知何处去。

女性在家庭与事业的矛盾中难以抉择，在各种的冲突之下找不到解决矛盾的方法，自然而然只能继续左右徘徊，这样的痛苦使得她们逐渐消沉憔悴，更是难以崛起，就像是个死循环，无论到何时，女性都会被家庭与事业这两个对立的存在拖累折磨。

结婚的沙侣觉得家庭是困住她的牢笼，迫不及待地飞出去；不结婚的姑姑则是一心扑在社会活动上，反而被冷嘲热讽的流言所累。这完全相反的事实正揭露了女性的尴尬地位，结婚是悲哀的，不结婚同样也是悲哀的，说到底女性就是社会的弱者，永远是这个男权社会的牺牲者。

庐隐似乎是对婚姻有着抵触的心情，在几篇作品中皆呈现出对婚姻的深入思考。她似乎不看好婚姻，认为爱的慰藉在繁重复杂的琐事面前亦是无济于事的。与其靠婚姻去维系一份感情，倒不如自由相爱，不受拘束来得简单。

这可能与她自身的婚姻脱不开关系，毕竟她的婚姻因着种种意外未能长久下去，可能使她满怀遗憾，从此对于婚姻便消沉悲观。

婚姻对一个女性而言，是爱情到了某个程度自觉成就的家庭关系，但是事实上婚姻并不能同等于爱情，爱情仅仅是婚姻中维持关系的存在，而所有的生活琐碎放在一起才能组成婚姻。

婚姻无非有着两种形态，即爱到痛快淋漓的婚姻，和爱意不深的婚姻，无法决断这两种婚姻哪一种更为上乘，毕竟婚姻里的双方对待爱情，如鱼饮水，冷暖自知。唯一能确定的是，无论是哪一种婚姻，男性和女性都会感受到来自两个人之间的分歧，能够体会到个体之间的相互折磨，曾经爱到极致的浓情也不能拯救日常琐碎里的苦恼。

爱情本身是美好的，婚姻之后的爱情却不再那么纯粹，大到一个家庭决定，小到柴米油盐，朝夕相处的日子里总有那么一些瑕疵，爱情不似原先蒙着一层面纱，反倒直白地把生活里的责任、义务摆在了两个人的面前。爱情早已不是燎原的热情，反而是平凡之路上的一丝温情。

说到底，无论情有多深，婚姻也早已不是个体生活，而是小的群体生活，因而很容易束缚住其中的每一个体。传统女性从一开始就把丈夫视为天，视为地，因而进入婚姻的关系里能够更快地适应环境，承担起应有的义务。但是知识女性并不是如此，她们这一群体本身所受过的教育使得她们认为事业本应该是生命的一部分，事业与婚姻应该是共存的。

在封建传统的社会里，她们步入一段婚姻，往往是有爱情冲动在前，不曾想过在新的关系中如何立足，还没有建立起应该相夫教子的应有态度。久而久之，当原先的爱情褪去，她们的婚姻、家庭也悄悄变成了束缚她们的牢笼，知识女性的理性又会令她们去羡慕那些拥有事业的女性，羡慕家庭之外的广阔天空。

就这样，被"解放"了的知识女性只能困在家庭的牢笼里，远离了当初"解放"前的理想、远离了"家"以外的社会生活，因而家庭和婚姻就像是一张无形的网，网住了她们对于人生的追求之心。"家庭的"的巨大限定性终于令她们明白原先以为的女性价值并不是那样，家庭才是她们活着的重心、价值，这与她们接受的教育实在是大相径庭，完全是背道而驰。

不得不说，无论是对于知识女性抑或是传统女性，婚姻可能永远不能成为没有瑕疵的艺术品，美好婚姻的背后往往是血淋淋的现实，总会与理想产生差距。

尤其是知识女性，真正拥有了她们理想中的爱情，才发现这段爱情、婚姻不过又是阻碍她们的枷锁，郁郁寡欢之下又会再次希望走上原来的自由之路，矛盾就这么周而复始地出现在生活现实里，惹到她们寻不到归程。

追求爱情与否、婚姻与事业的矛盾不仅是主人公沙侣等人的疑惑，更是庐隐自身的疑惑、那个时代知识女性的疑惑。庐隐本身也经历了婚姻，作为知识分子，她的婚姻再美好也总是会让她有一丝惆怅，可见她真实的经历更是赋予作品里的人物鲜活的形象，将知识女性的思想挣扎描写的淋漓尽致，揭示了那个时代来自她们这一群体的心声。

庐隐与这群受过高等教育的知识女性是广大女性的代表人物，她们亦像庐隐般用自己的感受与情感讲述着她们发生的故事。她们的声音饱含深情，她们的文思散发词藻华丽，她们时刻有着梦想跟随，她们是自由浪漫的一群人。

庐隐便是如此般沉醉在她的精神世界里，努力地将完整的自己展现在众人面前。或许她是激动的、迫不及待的，或许她的故事充满了悲情与绝望，或者她的哀怨即便多年后时过境迁愈发醇厚，可她没有停止作为女性的发言与呐喊，而是时刻地抗争着，与男人们共同竞争着所谓的话语权。

"五四"运动使得一个时代的新青年的思想都丰富活跃了，迅速成长的精神世界使得他们走在时代的前列，然而理想世界与现实世界的落差却使得他们无处释放热情，这样的现状正符合庐隐作品里的人物形象——知识女性思想与心态上的觉醒与行动上的落后。

在这场妇女解放的意识形态革里，女性意识虽然已经开始崛起，但是她们的探索都仅仅止步于形而上的思想层面，没有真正地行动起来探索出一条实际的女性解放的道路。

仅仅是一场轰轰烈烈的思想解放，高喊着女性需要解放，不必拘泥于夫荣妻贵、子孙满堂，可这并没有实际的意义，不过是流于表面的空喊罢了。

在没有探索之前，女性可以浑浑噩噩地活着，然而已经喊出了话语，却还要浑噩着度日，这自然是会苦闷的，知识女性的困境正是由于没有出路而苦闷。

再从庐隐自身来看，她的的确确是妇女解放运动中先锋的一员，也的确经历了许多新奇的事物，可是在她渴求着解放的同时，不可否认的是她身上依旧有着传统文化里遗留下来的痕迹，新旧碰撞之下，常常使她陷入难以抉择的两难困境。

一方面她在遵循着内心的指引，需要独立，另一方面她传统的性格又在规劝着她，不自觉地产生动摇情绪，不难看出在她自己的生活里也被这两种截然不同的态度折磨着，在夹缝中苦苦挣扎，左右摇摆。

她只是众多知识女性中的一员，她自身经历里对未来的迷茫使得她更加能够理解整个知识女性的群体，因而在作品的呈现过程里更加注重对这种挣扎心理的描写，力图完美展现新女性们的命运。

即使是放在当下的社会来看，婚姻的真实的意义又是哪般？婚姻与事业真的已经两全了？虽然历史的车轮不断前进，许多封建礼教早已废除，然而遗留下来的旧思想好似从未拔去，尤其是女性地位的问题。女权主义发展到如今已经获得了许多的进步，可在大部分人看来，女性即使出去工作，即使能够做成和男人一个模样，地位依旧是处于弱势地位的。

当下的女权主义与女性抗争也未曾停歇，不难看出1927年的庐隐就能思考到这么前卫的问题，可见她是个智慧的、理性的、具有批判思维的女性作家，并且发出了震耳聩聋的声音——女性地位的崛起。

庐隐以知识女性面对婚姻与事业的愁苦的现状出发，写出她们渴望自由、追求女性地位的平等，最终却无比迷茫、失望，只好发问何处是归程。

庐隐以笔为戎，不难窥视到那个时期知识女性的全部心理变化和发展过程，深刻见识到封建礼教对于女性的摧残。

同时也能看到作为其中迷茫的一员，庐隐也对婚姻生活进行了深入的思考，质疑着不合理的婚姻规范，挑战男权、夫权，促进了后来社会对婚姻观念的变革，是五四时期令人印象深刻的先锋女作家。

她永远都站在时代的最前端，思考着这个社会的变迁，为文坛带来了新的力量，她就像是最高的启明星，

闪耀着自己的光芒的同时，也在指引着广大知识女性的
前路。

第四节 秋思之愁绕心头

异国秋思 全文选

　　自从我们搬到郊外以来，天气渐渐清凉了。那短篱边牵延着的毛豆叶子，已露出枯黄的颜色来，白色的小野菊，一丛丛由草堆里攒出头来，还有小朵的黄花在凉劲的秋风中抖颤，这一些景象，最容易勾起人们的秋思，况且身在异国呢！低声吟着"帘卷西风，人比黄花瘦"之句，这个小小的灵宫，是弥漫了怅惘的情绪。

　　书房里格外显得清寂，那窗外蔚蓝如碧海似的青天，和淡金色的阳光，还有夹着桂花香的阵风，都含了极强烈的，挑拨人类心弦的力量。在这种刺激之下，我们不能继续那死板的读书工作了。在那一天午饭后，波便提

议到附近吉祥寺去看秋景，三点多钟我们乘了市外电车前去——这路程太近了，我们的身体刚刚坐稳便到了。走出长甬道的车站，绕过火车轨道，就看见一座高耸的木牌坊，在横额上有几个汉字写着"井之头恩赐公园"。我们走进牌坊，便见马路两旁树木葱茏，绿阴匝地，一种幽妙的意趣，萦缭脑际，我们怔怔的站在树影下，好像身入深山古林了。在那枝柯掩映中，一道金黄色的柔光正荡漾着。使我想象到一个披着金绿柔发的仙女，正赤着足，踏着白云，从这里经过的情景。再向西方看，一抹彩霞，正横在那叠翠的峰峦上，如黑点的飞鸦，穿林翩翻，我一缕的愁心真不知如何安派，我要吩咐征鸿它带回故国吧！无奈它是那样不着迹的去了。

　　我们徘徊在这浓绿深翠的帷幔下，竟忘记前进了。一个身穿和服的中年男人，脚上穿着木屐，提塔提塔的来了。他向我们打量着，我们为避免他的觑视，只好加快脚步走向前去。经过这一带森林，前面有一条鹅卵石堆成的斜坡路，两旁种着整齐的冬青树，只有肩膀高，一阵阵的青草香，从微风里荡过来。我们慢慢的走着，陡觉神气清爽，一尘不染。下了斜坡，面前立着一所小巧的东洋式的茶馆，里面设了几张小矮几和坐褥，两旁列着柜台，红的蜜橘，青的苹果，五色的杂糖，错杂的罗列着。

"呀！好眼熟的地方！"我不禁失声的喊了出来。于是潜藏在心底的印象，陡然一幕幕的重映出来，唉！我的心有些抖颤了，我是被一种感怀已往的情绪所激动，我的双眼怔住，胸膛间充塞着悲凉，心弦凄紧的搏动着。自然是回忆到那些曾被流年蹂躏过的往事。

"唉！往事，只是不堪回首的往事呢！"我悄悄的独自叹息着。但是我目前仍然有一幅逼真的图画再现出来……

一群骄傲于幸福的少女们，她们孕育着玫瑰色的希望，当她们将由学校毕业的那一年，曾随了她们德高望重的教师，带着欢乐的心情，渡过日本海来访蓬莱的名胜。在她们登岸的时候，正是暮春三月樱花乱飞的天气，那些缀锦点翠的花树，都使她们乐游忘倦。她们从天色才黎明，便由东京的旅舍出发；先到上野公园看过樱花的残妆后，又换车到井之头公园来。这时疲倦袭击着她们，非立刻找个地点休息不可。最后她们发现了这个位置清幽的茶馆，便立刻决定进去吃些东西。大家团团围着矮凳坐下，点了两壶龙井茶，和一些奇甜的东洋点心，她们吃着喝着，高声谈笑着，她们真像是才出谷的雏莺；只觉眼前的东西，件件新鲜，处处都富有生趣。当然她们是被搂在幸福之神的怀抱里了。青春的爱娇，活泼快乐的心情，她们是多么可艳美的人生呢？

但是流年把一切都毁坏了！谁能相信今天在这里低徊追怀往事的我，也正是当年幸福者之一呢！哦！流年，残刻的流年啊！它带走了人间的爱娇，它蹂躏了英雄的壮志，使我站在这似曾相识的树下，只有咽泪，我有什么方法，使年光倒流呢！

唉！这仅仅是九年后的今天。呀，这短短的九年中，我走的是崎岖的世路，我攀缘过陡削的崖壁，我由死的绝谷里逃命，使我尝着忍受由心头淌血的痛苦，命运要我喝干自己的血汗，如同喝玫瑰酒一般……

唉！这一切的刺心回忆，我忍不住流下辛酸的泪滴，连忙离开这容易激动感情的地方吧！我们便向前面野草漫径的小路上走去。忽然听见一阵悲恻的唏嘘声，我仿佛看见张着灰色翅翼的秋神，正躲在那厚密的枝叶背后。立时那些枝叶都息息索索的颤抖起来。草底下的秋虫，发出连续的唧唧声，我的心感到一阵阵的凄冷，不敢向前去，找到路旁一张长木凳子坐下。我用滞呆的眼光，

隐去庐山自从容

向那一片阴阴森森的丛林里睁视，当微风分开枝柯时，我望见那小河里的潺碧水了。水上皱起一层波纹，一只小划子，从波纹上溜过。两个少女摇着桨，低声唱着歌儿。我看到这里，又无端感触起来，觉到喉头梗塞，不知不觉叹道："故国不堪回首啊！"同时那北海的红渥清波浮现眼前，那些手携情侣的男男女女，恐怕也正摇着画桨，指点着眼前清丽秋景，低语款款吧！况且又是菊茂蟹肥时候，料想长安市上，车水马龙，正不少欢乐的宴聚，这飘泊异国，秋思凄凉的我们当然是无人想起的。不过，我们却深深的眷怀着祖国，渴望得些好消息呢！况且我们又是神经过敏的，揣想到树叶凋落的北平，凄风吹着，冷雨洒着的那些穷苦的同胞，也许正向茫茫的苍天悲诉呢！唉，破碎紊乱的祖国啊！北海的风光不能粉饰你的寒伧！今雨轩的灯红酒绿，不能安慰忧患的人生，深深眷念着祖国的我们，这一颗因热望而颤抖的心，最后是被秋风吹冷了。

（原载于《申江日报·海潮》，1932 年 9 月 25 日第 2 号）

庐隐凭借着率真的性情与不失真情的写作风格，成为"五四"运动后的文学史上的高产量女作家，她作品中鲜明的女性主义色彩成为其独特的创作风格，让她成为"五四"作者群中的先锋作家之一。在那个时代，庐隐与冰心齐名，堪称是文坛上的双子星，可见其地位之高。庐隐的小说多描写新知识女性接受高等教育后，在艰难现实中寻求出路的复杂心理，评价甚高。除了小说之外，庐隐的散文写的也是极好的，她率真直白的性情也影响了她的散文风格，文风不矫揉、不造作，自然而朴实的抒情常常引起共鸣。她的散文通常都篇幅较短，可是文字简洁有力，读起来有妙语连珠之感，往往一气呵成，读来自感生动有趣。

　　《异国秋思》虽然不是她的代表作，可是读来别有一番风情。文章的前半部分多是对异国秋景的描述，读来不禁令人遐想万分，赞叹着好一幅东京秋景啊。短篱边、凉风中的小黄花，确实是勾起异国他乡之人的乡愁，不知不觉地就有种身临其境的心情。东京郊外的景致，似乎也随着走了一遭，感受着那"蔚蓝如碧海似的青天"，沐浴着"淡金色的阳光"，甚至若有若无的"桂花香"也飘来荡去，这些无不有打动着人心。

庐隐的文字就是有那么一种魅力，即便是看似简单平常的词汇，到了她的手下一通组合，反而生出了别样的味道，平实而又令人神往。她的文字清新淡雅，好似一杯清茶，饮起来丝毫不觉苦涩，反而唇齿留香，这便是她的特色了，无论怎么写都是行云流水，自然和谐。便如同她的人一般，如茶般令人沉醉。她柔美万分，却又令人回味无穷。

庐隐擅长以景抒情，她的景物描写看起来是信手拈来，实则又完全刻意，她所有的情绪都蕴藏在景色里，融合甚妙。像是"西方的一抹彩霞"便将她的"一缕愁心"映衬的甚是清晰，还有"东洋式茶馆"的各种罗列，一下子勾起她内心埋藏已久的"流年往事"。

庐隐的这种见景迁思的写作风格使得她的文字有着独特的意境，并且这种感情的流露更加自然，所谓情之所至，意之所及，因而她的文字是足以引人身临其境去感怀那些情绪，更容易引起共鸣。

　　有了足够的意境铺垫，庐隐自然感伤起曾经的"流年往事"，更不自觉地怀念起家乡。东京的秋再怎么美也不是家乡，这里的一切景色都没有家乡的味道，更没有在家乡怀抱里的种种温馨之情。思绪早已飘远，这异国秋景总也令她忍不住去回想起往昔，青春流年里的点点滴滴，忍不住扼腕叹息。那些在青春里与她作伴的朋友，那些她曾在青春里潇洒过的地方，这些都让她思念至极。于她想到了"北海的红漪清波"和"长安市上"的"车水马龙"，还有那"菊茂蟹肥"的味蕾与远方的男男女女。这些"流年往事"更衬得她孤零寂寞，这异国之秋的美景也变得凄冷万分。于是她的感情爆发，漂泊异国的孤苦与深深眷恋着的祖国成了鲜明的对比，只有祖国才是真正的家乡，自己的归宿也是祖国。这股思国之情变成了全篇中最为激荡的情绪，这股爱国情怀也成为了全文的灵魂所在。这位先锋女作家即便是在最后，念着祖国、爱着祖国的同时，也不忘针砭时弊，揭示着乱世里的乱象，也不忘传递出她一颗时时为祖国忧患着的心。正如文中的喟叹"冷雨洒着的这些穷苦的同胞，也许正向茫茫的苍天悲诉呢"、"北海的风光不能粉饰你的寒伧"，思乡念国，她的心也在这冷风中飘荡摇曳。

庐隐这篇散文写的亦是她自己的往事，曾经游学日本，羁旅他乡，身在异国之时才感乡愁之浓，正是这份情怀使得她笔下的文字更是字字珠玑地表达出那份"断肠人在天涯"的情怀。她在某一个秋意正浓的时刻怀念起家乡的流年往事，物是人非的场景让她感受着比平常多倍的酸楚，她这样的女子当时一定是哭了，正像她的朋友们回忆起她，是那样一个任性的女子，哭都要哭到淋漓尽致，才是一时的解脱。漂泊在异国他乡的女子，却能在追忆故国往事中还念得起祖国的穷苦同胞，还能忧患着祖国的未来，庐隐真真正正不愧为女作家中的战士，她的那颗心比任何人都来得赤诚，来得珍贵。

说到这异国他乡的愁苦，好多人曾经梦想着仗剑走天涯，可背井离乡的孤苦总引得人们浅声沉吟，乡愁之愁总绕心头。乡愁是旅人流浪到天涯海角的牵绊。滚滚红尘之中不羁的旅人时刻思念家乡，夜深人静时候，望着窗外的灯火辉煌，心中苦不堪言，只得和衣凭栏独吟除却巫山不是云。蜡烛哧哧的响声似乎总在嘲笑着他们背井离乡的举动。可能每每提笔写下家书，却无奈无从下笔。

风高天黑的夜，皎洁的月光似不速之客在无意中带来了一股低落的情绪。旅人的落寞身影在月色下拉得修长，微凉的夜风中又想起那远方的温暖。月是故乡明，此刻的月就是再明，也比不得故乡那一轮明月……

　　一番波折，旅人留恋于家乡，终于踏上那久违的土地。梦中泥土的清香，花儿的颜色，孩童的笑脸终浮现在眼前了，可岁月蹉跎，满鬓白丝赫然显现，岁月悄无声息的走过，哀伤只是一瞬，可毕竟是重归故土，总要去寻找那梦中的往昔。纵然无人相迎，心中亦是一片温暖。家是港湾，无论漂泊多久，船都会靠岸，正是港湾的力量指引着船直挂云帆济沧海。

　　人生若只如初见，不曾为流浪异国他乡而挂怀多好。可并不如人意，况且无情何来的人生？有种朴素的情叫乡愁，无论岁月变迁，都是世间吟咏喟叹的永恒。现今的人们依旧在月夜吟咏着那份情怀，小酌着清酒，挥洒着乡愁，找寻着自己的根，找寻着心中的向往。愿所有不堪回首的往事都化作秋风，愿所有旅人都能落叶归根。

第五节 那一枚象牙戒指

象牙戒指节选（一）

在学校开学一个月以后，我同沁珠的交情也更深切了。她近来似乎已经习惯了学校的生活，想家的情感似乎也淡些。我同她虽不同科；但是我们的教室，是在一层楼上，所以我们很有亲近的机会。每逢下课后，我们便在教室外面的宽大的走廊上散步，或者唱歌。

素文说到这里，恰好宾来香的伙计送冰激凌来，于是我们便围在圆形的小藤桌旁，尽量的吃起来。素文一

连吃了三碗，她才笑着叫道："好，这才舒服啦！咱们坐下慢慢地再谈。"我们在藤椅上坐下，于是她继续着说道：

露沙！的确，学校的生活，实在是富有生机的，当然我们在学校的时候，谁都不觉得，现在回想起来，真感到过去的甜蜜。我记得每天早晨，那个老听差的敲着有规律的起身钟时，每个寝室里便发出种种不同的声音来。有的伸懒腰打哈欠，有的叫道："某人昨晚我梦见我妈妈了，她给我做了一件极漂亮的大衣！"有的说："我昨夜听见某人在梦里说情话。"于是同寝室的人都问她说什么？那个人便高声唱道："哥哥我爱你！"这一来哄然的笑声，冲破了一切。便连窗前柳树上麻雀的叫嚣声也都压下去了。这里的确是女儿的黄金世界。等到下了楼，到栉沐室去，那就更有趣味了。在那么一间非常长，形的房屋里，充满着一层似雾似烟的水蒸汽，把玻璃窗都蒙得模模糊糊看不清楚。走进去只闻到一股喷人鼻子的香粉花露的气息。一个个的女孩，对着一面菱花镜装扮着。那一种少女的娇艳和温柔的姿态，真是别有风味。沁珠她的梳妆台，正和我的连着，我们两人每天都为了这醉人的空气相视而笑。有时沁珠头也不梳，只是站在那里出神。有时她悄悄站在同学的身后，看人家对着镜子梳头，她在后面向人点头微笑。

有一天我们从栉沐室出来，已经过了早饭的时间，我们只得先到讲堂去，预备上完课再吃点心。正走到过道的时候，碰见秀贞从另一面来了，她满面寒笑地说：

"沁珠姊！多乐呵，伦理学先生请假了。"

"是真的吗？"沁珠怀疑地问道："上礼拜他不就没来上课吗，怎么又请假？"

"嗳呀！什么伦理学，那些道德论我真听腻了，他今天不来那算造化，沁珠姊怎么倒像有点失望呢？"

沁珠摇头道："我并不是失望；但是他也太爱请假了。拿着我们的光阴任意糟踏！"

"那不算稀罕，那个教手工的小脚王呢？她虽不告假，可是一样地糟踏我们的时光。你照她那副尊容，和那喃喃不清的语声，我只要上了她的课，就要头疼。"

沁珠听了秀贞形容王先生，下禁也笑了。她又问我道："你们有她的课吗？"

我说："有一点钟，……我也不想上她的课呢！"

"你们什么时候有她的课？"秀贞说。

"今天下午。"我说。

"不用上吧，我们下午一同到公园去看菊花不好吗？"沁珠很同意，一定邀我同去，我说："好吧，现在我还有功课，下午再见吧！"我们分手以后，沁珠和秀贞也到讲堂看书去了。

午饭后，我们同到学监室去请假，借词参观图画展览会，这是个很正大的题目，所以学监一点不留难地准了我们的假。我们高高兴兴地出了校门，奔公园去，这时正是初秋的天气，太阳发出金黄色的光辉，天庭如同明净的玉盘，树梢头微微有秋风穿过，沙沙地响着。我们正走着，忽听秀贞失惊的"呀"了一声，好像遇到什么意外了。我们都不觉一怔，再看她时，脸上红红的，低着头一直往前走，淑芳禁不住追上去问道：

"小鬼头你又耍什么花枪呢？趁早告诉我们，不然咱们没完！"

我同沁珠也紧走了两步，说道："你们两人办什么交涉呢？"

淑芳道："你们问秀贞，她看见了什么宝贝？"

"呸！别瞎说你的吧！哪里来的什么宝贝？"秀贞寒羞说。

"那么你为什么忽然失惊打怪地叫起来？"淑芳不

隐去庐山自从容

服气地追问她，秀贞只是低着头不响，沁珠对淑芳笑道，"饶了她吧，淑芳姊！你瞧那小样儿够多么可怜！"

淑芳说："要不是沁珠姊的面子，我才不饶你呢！你们不知道，别看她平常傻子似的，那都是装着玩。她的心眼不少呢！上一次也是我们一齐上公园去，走到后面松树林子里，看见一个十八九岁的青年，背着脸坐着，她就批评人家说：'这个人独自坐在这里发痴，不知在想什么心事呢？'我们也不知道她认识这个人，我们正在你一言我一语地谈论人家呢，忽见那个人站了起来，向我们这边寒笑地走来。我们正不明白他什么意思，只听秀贞咯咯的笑说：'快点我们走吧！'"正在这个时候，那个青年人已走到我们面前了，他恭恭敬敬地向秀贞鞠了一个很有礼貌的躬，说道：

"秀贞表妹，好久不见了！这几位是贵同学吧？请到这边坐坐好不好？"秀贞让人家一招呼，她低着头红了脸，一声也不哼，叫人家多么窘呵！还是我可怜他，连忙答道："我们前面还有朋友等着，不坐了，……今天大概又是碰见那位表兄了吧！"

秀贞被淑芳说得不好意思，便头里跑了。当我们走到公园门口时，她已经把票买好，我们进了公园，便一直奔社稷坛去，那时来看菊花的人很不少，在马路上，往来不绝地走着，我们来到大殿的石阶时，只见里面已挤满了人，在大殿的中央，堆着一座菊花山。各种各色的菊花，都标着红色纸条，上面写着花名。有的寒苞未放，有的半舒眼钩；有的低垂粉颈；有的迎风作态，真是无美不备。同时在大殿的两壁上，悬着许多菊花的名画，有几幅画得十分生动，仿佛真的一样。我们正看得出神，只见人丛里挤过一个二十多岁的青年来，他梳着时髦的分头，方正的前额，下面分列着一双翠森森的浓眉；一对深沉多思的俊目，射出锐利的光彩来——他走到沁珠的面前招呼道：

"密司张许久不见了，近来好吗？"

沁珠陡然听见有人叫她，不觉惊诧，但是看见是她父亲的学生伍念秋时，便渐渐恢复了原状答道：

"一切托福，密司特伍，都好吧，几时来的？"

"多谢，……我今天一清早就来了，先在松林旁菊花畦那里徘徊了一阵，又看了看黄仲则的诗集，不知不觉天已正午，就在前面吃了些点心，又到这里来看菊花山；不想这么巧，竟遇见密司张了。……这几位是贵同学吗？"

沁珠点点头，同时又替我们介绍了。后来我们要离

隐去庐山自从容

开大殿时，忽听伍念秋问沁珠道："密司张，我昨天寄到贵校的一封信，你收到了吗？"

"没有收到，你是什么时候寄的？"沁珠问他，他沉吟了一下说道："昨天下午寄的，大约今天晚上总可以收到吧！"

伍念秋送我们到了社稷坛的前面，他便告辞仍回到大殿去。我们在公园里吃了点心，太阳已下沉了，沁珠提议回去，秀贞微微一笑道："我知道沁珠姊干么这么急着回去，"淑芳接口道："只有你聪明，难道我还不知道吗？"我看她们打趣沁珠，我不知道沁珠对于伍念秋究竟有没有感情，所以我只偷眼望着沁珠，只见她颊上浮着两朵红云，眼睛里放出一种柔媚寒情的光彩，鲜红的嘴唇上浮着甜蜜的笑容，这正是少女钟情时的表现。

到学校时，沁珠邀我陪她去拿信，我们走到信箱那里，果见有沁珠的两封信，一封由她家里来的。一封正是伍念秋寄给她的。沁珠拿着信说道："我们到礼堂去吧，那里有电灯。"我们一同来到礼堂，在头一排的凳子上坐下，沁珠先将家信拆开看过，从她安慰的面容上，可以猜到她家里的平安。她将家信放进衣袋，然后把伍念秋给她的信，小心地拆看，只见里面装着两张淡绿色的花笺，展开花笺，那上面印着几个深绿色的宋体字是："惟有梅花知此恨，相逢月底恰无言。"旁边另印着一行小字是："念秋用笺。"仅仅这张信笺已深深地刺激了少女优怀的情感。沁珠这时眼睛里射出一种稀有的光彩，两朵红云偷上双颊，她似乎怕我觉察出她的秘密。故意装作冷静的神气，一面自言自语地道："不知有什么事情。"这明明是很勉强的措辞，我只装作不曾听见，独自跑到后面去看苏格拉底和亚里斯多德的肖像。然而我老实说，我的眼波一直在注意着她。没有多少时候，她将信看完了。默然踌躇了一番，不知什么缘故，她竟决心叫我来看她的信。她寒笑说："你看他写的信！……"我连忙走过去，从她手里把信接过来只见上面写道：

沁珠女士：

记得我们分别的那一天，正是夏蝉拖着喑哑的残声，在柳梢头作最后的声吟。经过御河桥时，河里的水芙蓉也是残妆暗淡。……现在呢？庭前的老桂树，满缀了金黄的星点，东篱的菊花，各着冷艳的秋装，挺立风前露下。宇宙间的一切，都随时序而变更了。人类的心弦，当然也弹出不同的音调。

隐去庐山自从容

　　我独自住在旅馆里，对于这种冷清环境，尤觉异样的寂寞，很想到贵校邀女士一谈，又恐贵校功课繁忙，或不得暇。因此不敢造次！

　　说到作旧诗，我也是初学，不敢教你，不过我极希望同你共同研究，几时光临，我当煮香茗，扫花径恭迎，怎样？我在这里深深地盼望着呢！

念秋

　　"这倒是一封很俏皮的情书呢！"我打趣地对沁珠说，她没有响。只用劲捏着我的手腕一笑。但是我准知道；她的心在急速地跳跃，有一朵从来没有开过的花，现在从她天真的童心中寒着娇羞开放了。她现在的表情怎样与从前不同呀！似乎永远关闭空园里，忽然长满了美丽的花朵。皎洁的月光，同时也笼罩她们。一切都赋有新生命，我将信交还她时，我忽然想起一个朋友写的一首诗，正合乎现在沁珠的心情，我说：

　　"沁珠！讣我念一首诗你听：
　　我不说爱是怎样神秘，

你只看我的双睛，

燃有蘸情火花的美丽；

你只看我的香唇，

浮漾着玫瑰般的甜蜜；

这便是一切的惊奇！"

她听了寒羞地笑道："这是你作的吗？描写得真对。"
我说："你现在正在'爱'，当然能了解这首诗的妙处，
而照我看来，只是一首诗罢了。"我们沿着礼堂外面的
回廊散着步，她的脚步是那样轻盈，她的心情正像一朵
飘荡的云，我知道她正幻想着炫丽的前途。但是我不知
道她"爱"到什么程度？很愿知道他和她相识的经过，
我便问她。她并不曾拒绝，说道：

"也许我现在是在'爱'，不过这故事却是很平凡。
伍——他是我父亲的学生，在家乡时我并没有会过他，不
过这一次我到北京来，父亲不放心，就托他照应我——因
为他也正要走这条路——我们同坐在一辆车子里，当那些
同车的旅客们，漠然的让这火车将他们载了前去，什么
都不管地打着盹，我是怎样无聊呵！正在这时候，忽听
火车汽笛发出困倦的哀嘶，车便停住了。我望窗外一看，

见站台上的地名正是娘子关。这是一个大站头，有半点钟的耽搁，所以那些蜷伏在车位里的旅客，都趁机会下车活动去了。那时伍他走来邀我下去散散步。我当然很愿意，因为在车上坐得太久，身体都有些发麻了。我们一同下了车，就在那一带垂柳的下面走着。车站的四围都是稻田，麦子地，这些麦子有的已经结了穗，露出嫩黄的颜色，衬着碧绿的麦叶，非常美丽，较远的地方，便是高低参差的山群，和陡险的关隘，我们一面看着这些景致，一面谈着话。这些话自然都是很平淡的，不过从这次谈话以后，我们比较熟多了。后来到了北京，我住在一个旅馆里，他天天都来照应我，所以我们的交情便一天一天增加了，不过到现在止，还只是一个很普通的朋友……"

"事实虽然还是个起头，不过我替你算命，不久你们都要沉入爱河的。"我这样猜度她，她也觉得这话有几分合理，在晚饭的钟声响时，我们便离开这里了。

象牙戒指节选（二）

我们吃过点心，便开始看沁珠的日记，那是一本薄薄的洋纸簿子，里面是些据要的记载，并不是逐日的日记，在第一页上她用红色墨水写了这样两句话："矛盾而生，矛盾而死。"

仅仅这两句话，已使我的心弦抖颤了，我们互相紧握着手，往下看：

四月五日今天是旧历的清明，也是长空死后的第三个清明节。昨夜，我不曾睡在惨淡的灯光下，独对着他的遗影，流着我忏悔的眼泪，唉！"珠是娇弱的女孩儿，但她却做了人间最残酷的杀人犯，她用自私的利刃，杀了人间最纯挚的一颗心……唉，长空，这是我终身对你不能避免的忏悔呵！"

隐去庐山自从容

　　天光熹微时，我梳洗了，换了一件淡蓝色的夹袍，那是长空生时所最喜欢看的一件衣裳。在院子里，采来一束洁白的玉梨踏着晨露，我走到陶然亭，郊外已充满了绿色，杨柳发出嫩黄色的芽条，白杨也满缀着翡翠似的稚叶，长空坟前新栽的小松树，也长得苍茂，我将花敬献于他的坟前，并低声告诉他"珠来了！"但是空郊凄寂，不听见他的回音。

　　渐渐的上坟的人越来越多了，我只得离开他回来。到家时我感觉疲倦在压扎我，换下那件——除了去看长空永不再穿的淡蓝夹袍，便睡下了。

　　黄昏时，泉姊来找我去学跳舞，这当然又是忍着眼泪的滑稽戏，泉姊太聪明，她早已看出我的意思，不过她仍有她的想法——用外界的刺激，来减轻我内心的煎熬，有时这是极有效的呢！

　　我们到了一个棕色脸的外国人家里，一间宽大而布置美丽的大厅，钢琴正悠扬地响着。我们轻轻地叩着门板，琴声陡然停了，走出一个绅士般的南洋人，那便是我们的跳舞师了。他不会说中国话，而我们的英文程度也有限，有时要用手式来帮助我们语言的了解。

　　我们约定了每星期来三次，每次一个钟头，每月学费十五元。

　　今天因为是头一次，所以他不曾给我们上课，但却请我们吃茶点，他并且跳了一个滑稽舞助兴，这个棕色人倒很有兴趣呢……

四月七日梁自云今天邀我去北海划船。那孩子像是有些心事，在春水碧波的湖心中，他失却往日的欢笑。只是望着云天长吁短叹，我几次问他，他仅仅举目向我呆望。唉，这孩子葫芦里卖的什么药呀，我不由得心惊！难道又是我自造的命运吗？其实他太不了解我，他想用他的蓻情，来温暖我这冷森的心房，简直等于妄想。他是一尘未染的单纯的生命，而我呢，是一个疮痍百结，新伤痕间旧伤痕的狼狈生命，呀，他的努力，只是我的痛苦！唉！我应当怎么办呢？躲避开这一群孩子吧，长空呀！你帮助我，完成我从悲苦中所体验到充实的生命的努力吧！

四月九日我才下课，便去找泉姊，她已经收拾等着我呢，我们一同到了跳舞师家里，今天我们开始学习最新的步伐，对于跳舞，我学起来很容易，经他指示一遍以后，我已经能跳得不错了。那棕色人非常高兴地称赞我，学完步伐时，又来了两个青年男女，跳舞师介绍给我们，同时提议开个小小的跳舞会，跳舞师请我同他跳交际舞，泉姊也被那个青年男人邀去作舞伴，那位青年女人替我们弹琴。

我们今天玩得很高兴，我们临走时，棕色人送我们

隐去庐山自从容

到门口，并轻轻对我说："你允许我做你的朋友吗？"

做朋友，这是很平常的事，我没有踌躇便答应他道"可以。"

回来时，泉姊约我去附近的馆子去吃饭，在席间我们谈得非常动劲，尤其对于那棕色人的研究更有趣，泉姊和我推测那棕色人，大约是南洋的艺术家吧，他许多举动，都带着艺术家那种特有的风格，浪漫而熱烈。但是泉姊最后竟向我开起玩笑来。她说："沁珠，我觉那棕色人，在打你的主意呢！"

我不服她的推测。我说："真笑话，像我这样幼稚的英文程度，连语言都不能畅通，难道还谈得到别的吗？"

而泉姊仍固执地说："你不信，慢慢看好了！"

对于这个问题，我们一笑而罢，回家时，我心里充满着欣慰，觉得生活有时候也还有趣！我在书案前坐下来，记下今天的遭遇，我写完搁笔时，抬头陡然视线正触在长空的照片上，我的心又一阵阵冷上来。

四月十五日，今天小叶有一封长信来，他劝我忘记以前的伤痕，重新做人，他愿意帮助我开一条新生命的途径，他要我立刻离开灰城，到广东去，从事教育事业，并且他已经替我找好了位置。

小叶对我的表白，这已是第五次了。他是非常急进的青年，他最反对我这样残酷处置自己。当然他也有他

172

的道理，他用物质的眼光，来分析一切，解决一切，他的人生价值，就在积极地去做事，他反对殉情忏悔，这一切的情绪——也许他的思想，比我彻底勇猛。唉，我真不知道应当怎样办了。在我心底有凄美静穆的幻梦？这是由先天而带来的根性。但同时我又听见人群的呼喊，催促我走上大时代的道路，绝大的眩惑，我将怎样解决呢？可惜素文不在这里，此外可谈的人太少，露沙另有她的主张，自云他多半是不愿我去的。

这个问题困扰了我一整天，最后我决定去看露沙，我向她叙述我的困难问题，而她一双如鹰隼的锐眼。直盯视我手上的象牙戒指。严厉地说："珠！你应当早些决心打开你那枯骨似的牢圈。"

唉，天呀！仅仅这一句话，我的心被她重新敲得粉碎。她的话太强有力了，我承认她是对的。她是勇猛了，但是我呢，我是柔韧的丝织就的身和心，她的话越勇猛，而我越踌躇难决了。

回到家里，我只对着长空的遗影垂泪，这是我自己造成的命运。我应当受此困厄。

四月十八日早晨泉姊来看我，近来我的心情，渐渐有所转变，从前我是决意把自己变成一股静波，一直向死的渊里流去，而现在我觉得这是太愚笨的勾当，这一池死水，我要把它变活，兴风作浪，泉姊很高兴我这种态度，她鼓励了我许多话，结果我们决定开始找朋友来筹备。

午饭时，车夫拿了一个长方形的纸盒子和一封信进来说："适才一个骑自行车的人送来的。"我非常诧异，连忙打开盒子一看，里面放着一束整齐而鲜丽的玫瑰花，花束上面横拴着一个白绸蝴蝶结，旁有一张片子，正是那个棕色人儿送来的，再拆开那封信一看，更使我惊得发抖，唉，这真是怪事，棕色人儿竟对我表示爱情，我本想把这花和信退回，但来人已去得远了，无可奈何，把花拿了进来，插在瓶子里，供在长空的照像前，我低低地祝祷说："长空！请你助我，解脱于这烦恼绞索的矛盾中。"

五月一日小叶今天连来了两封快信，他对我求爱的意思更逼真更蘹烈了。多可怕的烦纠！……唉，近来一切更加死寂了，学校虽然还在上课，我拟到南边去换换空气，并不见得坏，就是长空如果有灵，他必也赞成我去。

陡然我想起小叶的信上说："沁姊！你来吧、让我俩甜美的快乐的度这南国的春——迷醉的春吧！"我的脸不由得蘹起来，我的心失了平衡，无力地倒在床上，不知是悲伤还是眩惑的眼泪，滴湿了枕衣。

我抬手拿小叶的信时，手上枯骨般的象牙戒指，露着惨白的牙齿，向我冷笑呢，"唉，长空！我永远是你的俘虏！"我痛哭了。

不知什么时候，泉姊走了进来，她温和地抚着我的肩，问道："沁珠，你又自找苦吃！"

唉，泉姊的话真对，我是自找苦吃，我一生都只是这样磨折自己，我自己扮演自己，成功这样一个可怕的形象，这是神秘的主宰，所给我造成的生命的典型！

五月六日泉姊还不晓得棕色人对我求爱的趣事，今天她照例地约我去学跳舞。我说我不打算去了。她很惊奇地看着我道："为什么？我们的钱都交了，为什么不去学？"

我说："太麻烦了，所以还是不去为妙！"

泉姊仍不明白我的话，她再三地诘问我，等到我把始末告诉了她，她才哈哈大笑道："有趣！有趣！果不出我所料。"同时又对我说道："你真真的是命带桃花运，时时被人追逐！……他送花既在两星期前，你怎么今天才决定不去呢？"

当然有缘故，"我说："送花本是平常的礼节往来，而且他第一封信写得很有分寸，我自然不好太露痕迹地躲避他，谁知越来情形越不对，因此决定躲避他。"

泉姊也曾谈起自云——那孩子虽然也有些莫名其妙的在追求我，可是我对他的态度，始终是很坦白的，同时他也太年轻，不见得有什么深切的迷恋，只是一种自然的冲动，将来我替他物色个好人物，这孩子就有了交代。

现在只有小叶使我受苦，他有长空一样深刻与魄力，这两点他差不多使我失掉自制之力。许多朋友都劝我忘记已往，毁灭过去。就是长空也以为只要他死了，我的痛苦即刻可以消逝，其实这是一个错误的观念，事实上我是生于矛盾，死于矛盾，我的痛苦永不能免除。

五月十五日晚上我写了一封家信后，我独自在院子里梦想一切的未来，我第一高兴的是灰城的沉闷将被打破，——也许我内心的沉闷也跟着打破，将来我或者能追踪素文，过一些慷慨激昂的生活，这也正是长空所希望我的吧！

一缕深刻的悲伤，又涌上心头，如果长空还活着，他不知该如何地高兴，他所希望的大时代，居然降临人间，但现在呢，唱着凯歌归来的英雄队里，再也找不到他顾长的身影。唉，长空还是我毁了你呵！

深夜时，我是流着忏悔的眼泪，模糊地看月华西沉。

六月十二日下午同泉姊去中央公园的茅亭里，谈得很深切，她希望我到广东去，自然我要感激她的好心，但恨我是一个永远徘徊于过去的古怪人，我不能洗涤生命上的染色，如果到广东去，我也未必快乐，而且我怀惧生活又跌进平凡，也许这是件傻事，因为憧憬着诗境般的生之幻梦，而摒弃了俗人的幸福。可是我情愿如此，优冥中有一种潜力，策我如此，所以我是天生成的畸零人！

从公园别了泉姊，在家里吃过晚饭，独自在柳树下枯坐，直等明月升到中天，我才去睡觉。

六月十五日自云和露沙都劝我回山城，好吧，这里是这样乏味，回到爸爸妈妈的怀里去，也许能使我高兴些。

车票已买定，明天早晨我就要和这灰城，和灰城里的一切告别了。我祈祷我再来灰城时，流光已解决了所有的纠纷。

沁珠的日记就此中断，我们只顾把一页一页的白纸往后翻，翻到最，我们又发现了沁珠的笔迹：

九月十日我病了，头痛心里发闷，自云和露沙陪了我一整天，在他们焦急的表情上，我懂得死神正向我袭击吧！唉，也好，我这纠纷的生活，就这样收束了——至少我是为扮演一出哀艳悲凉的剧景，而成功一个不凡的片段，我是这样忠实地体验了我这短短的人生！

我们放下日记本，彼此泪眼相视，睡魔早已逃避得不知去向。远处的鸡声唱晓了，我掀开窗幔，已见东方露出灰白色的云层，天是在渐次地发亮，女仆也已起来。我们重新洗过脸，吃了一些点心，那一缕艳阳早射透云衣，高照于大地之上，素文提议到沁珠停灵的长寿寺去。

我们走出大门，街上行人还很少，在那迷漫了沙土的街道上，素文瘦小的身影，颓伤的前进着，转过一个弯，一家花厂正在开门，我们进去买了一束白色的荼蘼花，和一些红玫瑰，那花朵上，露滴晶莹的发着光，象征着活跃新鲜的生命；不由得使我们感到沁珠生命花的萎谢与僵死，不久的将来，就是在这里感伤的我和素文，也不免要萎谢与僵死！唉，当我们敲那长寿寺的山门时，我们的泪滴，更浸润了那束鲜花，在晨风中，娇媚地颤动着。

一个五十多岁的老人，如鬼影般地闪出山门来，素文高声地对他说："喂，你领我们到十七号房间去。"

"哦，"老人应着，伛偻着身子，领我们绕过大殿。便见一排停柩的矮屋，黯淡的立着，走到十七号房间的门口时，他替我们开了锁，只见一张白木的供桌上，摆着烛钎香炉，和四碟时鲜水果，黑漆的灵柩前，放着一个将要凋谢的花圈，花圈中间罩着沁珠的遗像——一个眉峰微颦，态度沉默的少女遗像，仅仅这一张遗留人间的幻影，已使我们勾起层层的往事，不能自持地涌出惨伤的眼泪来，"唉，沁珠呀！你为了一个幻梦的追逐，而伤损一颗诚挚的心，最后你又因忏悔和矛盾的困搅，而摒弃了那另一世界的事业，将生命迅速地结束了，这是千古的遗憾，这是无穷的缺陷哟！"

但是我们的悲叹，毫无回响，却惹起白杨惨酷的冷笑，它沙沙瑟瑟地说："世界还在漫漫的长夜中呢，谁能打出矛盾的生之网呢？"

我们抱着渴望天亮的熱情，离开了长寿寺，奔我们茫漠的前途去了。

（原载1931年《小说月报》第22卷第6.7.8.9.11.12号。1934年5月商务印书馆初版）

　　庐隐的作品里几乎都弥漫着天生的苦闷，苦闷中还有一丝凄美，也许只有从这样的文字里才能窥探她那颗敏感、孤傲、坚强的心灵。《象牙戒指》是除了《海滨故人》外的另一长篇小说力作。像以往的作品一般，庐隐采用了她一贯偏爱的日记、书信体的形式，讲述了一段凄美的爱情故事，并揭示了知识女性在面对爱情时候的种种困惑，以及对男权、夫权的抗拒与挑战。庐隐依旧从开篇就交代了文章的主人公，主要是"我"和"素文"两个知识女性对好友"沁珠"的死的回忆，为了纪念沁珠而作。其中素文手上带的"象牙戒指"便是故事述说的切入点。

　　不得不提到的是这篇作品是庐隐以好友石评梅与高君宇凄婉悲凉的爱情为蓝本，为了纪念她二人的旷世之恋而作，也正是这两个人荡气回肠而又悲凉收尾的爱情给了庐隐文章里的张力，真实的情感在文学创作的过程里二次发酵，情感深刻而真实，因而感人至深，忍不住流泪叹息。

故事真正的主人公其实是张沁珠。因受到"五四"运动的影响，新青年们在婚姻爱情方面较之以前有了新的觉醒，他们追求自由恋爱、自由婚姻，沁珠也不例外，她是"五四"时期觉醒的新女性的典型代表。沁珠在自由恋爱观念的影响之下，爱上了伍念秋，这是她生命里的第一次美好恋爱，更是她付出了一切的男人。伍念秋是沁珠父亲的学生，在相识之后，两人心有灵犀，常以书信往来抒发倾慕之情，这令人欣羡不已。然而不幸的是，在恋爱的蒙蔽之下，沁珠没有看明白眼前之人到底是什么样的，不曾想伍念秋竟然已有家室，竟是受到了欺骗，最后不了了之。沁珠经过这次的恋爱受到了深刻的伤害，她万分沮丧、忧心，甚至对这个世界都有了仇视。

那之后她遇见了曹子卿，他不同于伍念秋，他是那么优秀的青年才俊。曹子卿的出现并没有让沁珠冰封的心融化，她只是漠然地拒绝了这位青年才俊。曹子卿并没有放弃这份倾慕之情，时常与沁珠通信谈心，并且送了一对"象牙戒指"给她，可是感情的事也许太难明了，沁珠依旧无法治愈她那颗残破流血的心。悲剧发生了，曹子卿最终自己结束了生命，临死之前还在向沁珠表白着自己的心意，一条鲜活的生命就这么流逝而去，沁珠这才明白了自己的心意，然而留给她的确是满心的悔恨和遗憾。她辜负了曹子卿的深情款款，也辜负了大好的青春时光，让她往后的岁月里尽是伤感、悔恨，她的全部感情都转移到了逝去的他的身上，最终也随他而去。曹子卿的象牙戒指终究是套住了沁珠的一生。所托之人而非爱人，终于懂爱，却终失所爱，这样的爱情悲剧也留在了那对象牙戒指里。

　　爱情的悲剧并不仅仅是这一出，在曹子卿身上发生的依旧是他自己的悲剧。曹子卿是在父母之言之下与妻子结合，旧式婚姻大多如此，然而没有感情便永远是冰冷的婚姻，是决然不能够长相厮守的，他爱上了沁珠之后更是明白这个道理，最终与妻子离婚。旧式婚姻的枷锁害了一代又一代的有志青年，也误了他们终生的前途。

　　这篇作品既是以《象牙戒指》命名，戒指变成了贯穿全文的线索之一，象牙戒指里套住的是沁珠后知后觉的爱，是曹子卿深入骨髓的爱，更是两个人的悲惨人生。象牙戒指一共在全文里出现了五次，然而有所描述的只有三次，这三次就见证了沁珠的人生，也见证了她的爱情。象牙戒指刚一出场的时候是"纯白的"、"坚固的"，正如同沁珠一般，是她最为真实的模样，她是那么高洁的女子，感情世界里是一片单纯。不得不说，赋予沁珠这般性情，亦是庐隐本人的经历所致。她年轻时也是那么高洁的女子，勇敢地追求着自己的真爱，并未因媒妁之言而放弃真正的自由。庐隐创作的各色人物，多半都是她曾经的模样。象牙戒指的第二次特写则是曹子卿在医院咳血去世的时候，静静戴在他手指上，说它"形如枯骨"般。与曹子卿相遇之后，虽然感受到他深沉的爱意，可沁珠的心伤透之后和"枯骨"无二，毫无生气。象牙戒指的第三次详细描述便是在最后，套在了沁珠手上，依旧如"枯骨"般"惨白"，这就是他们爱情的结局了，尽管再次懂得何为爱，却为时已晚，徒留沁珠一人独活于世，两人的爱情也惨淡收场。象牙戒指虽是他二人的定情信物，却也经历了从洁白到惨白的变化，正如同两人的恋爱，既是一段纯洁如雪的爱情，可也是一场覆水难收的悲剧。

沁珠与子卿的悲剧爱情还有一个原因，来自传统文化观念的束缚。对于沁珠来说，女子从一而终的传统观念对她影响颇深，她一直坚守着这个信条，无论是伍念秋早先的欺骗，抑或是那之后面对曹子卿的求爱表现的宁愿嫁伍而不嫁曹的心理，到后来她发现了内心的爱意也要独身下去的态度。沁珠在对待爱情的时候一直在强调她"从一而终"的态度，这不仅束缚了她的行为，也束缚了她的未来。足以可见传统的旧礼教对女性的迫害，然而沁珠本身又是接受过新式教育的知识女性，对她而言这样的情况应该是极为矛盾的存在。就像她自己在日记的第一页的那两句鲜明的话语："矛盾而生，矛盾而死。"沁珠的一生都在矛盾中渡过，她接受的教育与世俗的束缚，爱情与现实的矛盾等等，这些都让她感到苦闷痛苦。在与伍念秋的交往中，她要在坚持与放弃中做出选择，要面对世俗的舆论，又要面对内心的情感，她要选择继续爱或者恨。与曹子卿的相识交往，她并没有摆脱要做出选择的困境，她依旧要选择是接受还是拒绝这份感情，要考虑是否勇敢的爱还是默然以对。矛盾的激发使得她的内心无时无刻煎熬着，进退不得的境地令她也难以决断。这正是沁珠这个人物最为悲凉的地方，知识女性即使精神世界再丰富，可依旧在现实里寻不到立足之地，寻不到前路所在。

应该说有太多的青年都同沁珠一样，一只脚踩在新社会的门槛里，另一只脚却深陷旧社会无法自拔，他们是旧式礼教的反叛者，又是旧式礼教迫害下的小人物，摆在他们面前的路也变得看不清方向。旧礼教就像是一个套子一样，套住他们的思想、灵魂，不得释放，只能继续着凄苦的命运。

然而沁珠对爱情的困惑正是庐隐想要表达的困惑，一方面，她试图像男人般在社会打拼，一方面维持着自己的婚姻，力图争取两方的和平。庐隐足够幸福，因为她两段婚姻皆是幸福，她有着能够理解她的爱人，可对大多数的对那个时代的知识女性而言，爱情与婚姻，她们希望能够真正探索到一种可以融入新社会的关系。沁珠把爱情看得很重，她在恋爱中是处于主动的位置，当时的知识女性在探索爱情关系的过程里，女性的自主、自立意识逐渐觉醒，反而让她们渴求情感上的平等感，期待缩短与男性之间的距离。这便是知识女性对于女性地位低下的一种无声的反抗，挑战传承几千年的传统夫权与男权。爱情的力量是伟大的，不仅仅是其本身，往往往是感情背后的撼动社会进程的力量。

反观两段爱情中的被动者，伍念秋和曹子卿，二人皆是包办婚姻的受害者，经历没有感情的婚姻，在遇到念珠之后燃起了激烈的爱火，他们的选择却是截然不同的。伍念秋虽然爱着沁珠，但是在真相揭开、沁珠拒绝之后，选择了回到原本无爱的婚姻里，浑噩地生活。曹子卿则不然，他是勇敢的，既然深爱着就要有个决断，即使沁珠一样拒绝了他，可他毅然决然地与原配离婚，走出了那座无爱婚姻的坟墓，即使他最终抑郁而死，却摆脱了那如同枷锁一般的包办婚姻。伍君和曹君的遭遇反映出他们对于自由恋爱的羡慕与向往，与沁珠大胆追求爱情的形象形成鲜明的反差，揭示了封建礼数对于新青年的桎梏，应该说旧礼教里的包办婚姻简直是吃人的礼教，害了无数的男女青年，终其一生也未曾体验过真正的爱。

"五四"运动将一代青年的思想从旧式封建传统下解放开来，应该说最迅速、最成功的的解放便是自由恋爱与结婚的意识，新一代青年在这方面的觉醒甚是深刻。他们力图摆脱父母之命媒妁之言，希望按照自己的意愿去相爱。男青年是如此，女青年亦是如此，而女青年伴随着这种观念觉醒的是对女性地位的思考，她们在变革婚姻的过程里发现真正的自由是建立在女性地位提高的基础上，因而她们大胆地挑战着男权的压制。庐隐是"五四"青年群中的一员，更是知识女性群中的一员，她的爱情经历、朋友石评梅的爱情经历，这些都让她感受着知识女性在社会里的弱势，可她们从未放弃过抗争，一次次顶住传统的舆论压力，孤傲地、甚至带着决绝意味的追寻着幸福，尽管这条路上万分坎坷崎岖。

庐隐以自己的经历以出发点，把曾同病相怜的梅姊的故事化作她笔下的文字，尤其是沁珠这个人物，承载着太多她们自身的情感——这个"五四"时期觉醒的知识女性的代表人物，她的遭遇正在试图展示他们这代人，尤其是知识女性的思想面貌。沁珠既是石评梅的化身，不难联想到她在生活中抗争与妥协，尽管文中笔墨较少，可还是能够看出这位女学生走出家门，投进社会的熔炉，在新思潮的影响下，追求属于自己的事业，可见家庭并不能成为阻碍她们前进的绊脚石。然而家庭却永远是女人过不去的一道坎儿，遇见爱情、婚姻的路上，她们却步不前，只因现实里的阻碍太多，她们无法从封建礼教里脱身，于是苦闷、迷茫、彷徨、失望。因着现实里封建思想的根深蒂固，尽管她们的彷徨激发出抗争的本性，却好似一拳打在棉花上，并不能改变其束缚个性的本质。

她们渴望一切都能按照自己的意志发展，同时也希望自己的行为能够负担得起相应的礼教责任。然而旧式的礼教早已成为固定的一种规范，她们难以推翻，也难以抽身而出。残酷的现实就像是当头一棒，她们潜意识里应有的美好爱情变成了镜中花、水中月，她们失望、苦闷、迷茫的情绪再次沉重，硬生生地将高喊着解放的声音变成了默默无声的哽咽。庐隐写出这些也是为了抒发心中的苦痛与郁闷，试想走在时代前列的她又是受了多少苦而无处诉说，写作是她唯一的纾解方式，更是她为了知识女性的呐喊，希望在现实与理想之间能够找寻出那么一条道路，更希望这社会能够理解、包容这个苦闷的女性群体。

庐隐自是个多情之人，与石评梅两人先后丧失所爱，日夜苦痛难耐，曾对坐在陶然亭公园内大哭。情深不寿，大概这四个字是适合她们这种爱到极致之人，她们的生命缘起于爱，终结于爱，一生也算是为"情"之一字伤神挂怀。

人生在世，不知要遇到多少的人才能明白爱情的样子，旧社会的礼教总是横亘在真爱面前，当下虽然早已不知提倡自由恋爱多少年，依旧见到很多人终其一生寻找着爱情。有时真正的爱总是在失去之后才惊觉来过，最爱的那个结婚生子，抑或是天涯永隔，也许总有着一些坎坷才能擦亮眼睛，可早已在岁月的无情里失去了那个人，徒留自己回首挂怀。被留下的总是满怀着悔恨度日，总念着如果怎样、当初怎样，随之而来的只有更多的遗憾。可能就像那句"月有阴晴圆缺"，爱亦是如此，没有永远的圆满，总有遗憾随时提醒着这就是人生，总要把不敢忘的故人留在往昔。情深不寿，爱而不得，且行且珍惜。

隐去庐山自从容

第五章 且待来生再相逢

　　1934年5月13日，年仅三十六岁的庐隐因难产而引发大出血，最终逝世于上海大华医院，这位文坛上的佼佼者就这样迎来了她生命的结局。庐隐的死，是文坛的一颗明星的陨落，闻者无不为之动容。

庐隐又是个怎样的女子呢？她前半生受尽了漂泊之苦，更没有感受过家庭的温暖，岁月留给她的仅仅是苦闷的情怀。每当提起庐隐的作品，总会遐想那个青春岁月里伏案写作的少女，也许正如作品中的那些好的彷徨、苦闷、悲凉，那少女也一定有着一双状似流泪的剪水双瞳，娴静少言，浑身散发着一种遗世独立的落寞气质。可是现实并非如此，印象里的孤苦少女原是一位极其潇洒旷达的奇女子。她不曾因为凄苦的遭遇郁郁寡欢，也不曾因此而日益消沉，她努力地过着每一天的日子，时而欢声笑语，时而惆怅不解，可她从未令自己度过一天对不起自己的日子。当别人对新诗、新文章犹疑不决之时，庐隐早已投入 到新时代里为的男青年、女青年呐喊，一切的一切都顺从心意，未留遗憾。文坛上再也看不到她笔下的人世间的苦闷悲伤，也看不到对社会的犀利批判，更看不到那些引人沉思的男男女女的故事。留待后人的只有无穷的追忆与深刻的思念，自私地想生命停在那一刻也是好的，那一切前尘往事有了珍贵的力量，念而不得，反而时常惦念，即使过了百年千年，她也不曾容颜衰老，因为那时的她便是最美的了。

　　在短暂的年华岁月里，庐隐的爱情幸而开花结果，

隐去庐山自从容

只是苦了留在原地的人，时常想念之。岁月的绝情之处就在于日子一天天过去下，终会治愈所有的伤痛。还好庐隐是幸运的女子，那之后的漫长岁月，她的爱人总是对她哀悼思念，写下一篇篇如泣心血的悼文。她的女儿虽没有了母亲的爱惜，在日夜的感伤中坚强成长着。而昔年好友只能独自活下去，少了她的言辞凿凿，也少了她的生动面容。可在他们的眼里，总能浮现出一个鲜活的身影，好似她依旧放肆着活在这世上，好似她的气息从未消散而去。可是这一切的一切都已经结束，庐隐留在了她永远的三十六岁，留在了那不可言说的流年往事里。爱而不得永远是一种锥心的痛，可在红了樱桃的流年里遗憾着、遗憾着也成了习惯，似乎这些都早已注定，就让那些深深爱着的人们，留在最美的年华里，就让那份情意且待来生再相逢。

秋风悲起，黄花散尽，云也漫漫。

凭昔日清风，拂面动情。

金光半遮，昨是今非。

红樱桃，绿芭蕉，时光总是把人抛。

月夜独自寂寥，浅唱低吟久低昂。

无意却思量，颤颤难平。

骤雨初歇，尘埃无惹。

但诉凄凉，空留惆怅，落花满庭无芳色。

怎奈他，晓风依旧，枉凝噎语。